行行出人才

南林 ◎ 编

团结出版社

© 团结出版社，2025 年

图书在版编目（ＣＩＰ）数据

行行出人才 / 南林编 . -- 北京：团结出版社，
2025. 9. -- ISBN 978-7-5234-1835-2

Ⅰ . G635.5

中国国家版本馆 CIP 数据核字第 20253GD052 号

责任编辑：夏明亮
封面设计：末末美书

出　　版：团结出版社
　　　　　（北京市东城区东皇城根南街 84 号 邮编：100006）
电　　话：（010）65228880　65244790
网　　址：http://www.tjpress.com
E-mail：zb65244790@vip.163.com
经　　销：全国新华书店
印　　装：河北晔盛亚印刷有限公司

开　本：170mm×240mm　16 开
印　张：9　　　　　　　　　　　　字　数：100 千字
版　次：2025 年 9 月 第 1 版　　　　印　次：2025 年 9 月 第 1 次印刷
书　号：978-7-5234-1835-2
定　价：68.00 元
　　　　（版权所属，盗版必究）

职业兴趣测试 001

目录 | Contents

第一章 现实型（R）职业

数控机床操作工	008
建筑工人	008
港口机械操作员	008
汽车维修技师	009
电工	009
木工	009
工业锅炉操作工	010
工具钳工	010
建筑防水工	010
光伏发电系统安装工	011
铸造工	011
工业设备安装工	011
管道工	012
电焊工	012
起重机操作员	012
公交司机	013
铁路线路工	013
电梯安装维修工	014
农业机械操作员	014
纺织设备操作员	014
混凝土工	015
工业机器人操作员	015
叉车驾驶员	015
建筑幕墙安装工	016
工业自动化仪表工	016
智能家居安装师	016
工业设备清洗工	017
汽车喷漆工	017
铁路机车车辆驾驶人员	017
电力线路架设工	018
制冷设备维修工	018
工业设备涂装工	018
消防设施操作员	019
印刷机械操作员	019
模具制造工	020
航空器维修机械师	020
汽车装配工	020
地质勘探技术员	021
水质检测技术员	021
精密仪器维修师	021
电子设备装接工	022
机械装配工	022
高压电工	022
工程机械维修工	023
机修钳工	023
测绘工程测量员	023
金属热处理工	024
无人机飞控师	024
船舶轮机工	025
3D打印技术员	025
铁路信号工	025
新能源车充电桩运维师	026
智能家居安装调试员	026
康复辅具设计师	026

第二章 研究型（I）职业

临床医生	028
医学研究员	028
大学教授（理工科）	028
数据科学家	029
人工智能工程师	029
化学工程师	029
环境科学家	030
量子计算算法师	030
生物信息分析师	030
天文学家	031
海洋生物学家	031
病理学家	031
量子物理研究员	032
地质工程师	032
材料科学家	033
流行病学专家	033
核能技术研究员	033
病毒学家	034
气象学家	034
教育心理学家	034
基因编辑技术员	035
区块链技术研究员	035
半导体芯片设计师	035
经济分析师	036
脑科学研究员	036
数学建模师	036
食品科学专家	037
航空航天工程师	037
细胞培养工程师	037
能源系统优化师	038
工业化学分析师	038
纳米技术研究员	039
考古学家	039
密码学专家	039
微生物学家	040
智库研究员	040
社会调查统计师	040
科学教师（中小学）	041
医疗影像算法工程师	041
肿瘤学专家	041
光学工程师	042
农业科学顾问	042
科学期刊编辑	042
实验物理学家	043
工业自动化架构师	043
卫星遥感工程师	043
生态保护规划师	044
精密仪器研发师	044
职业培训师（技术领域）	044
系统分析员	045
医学实验室技师	045
药理学家	046
科学政策顾问	046
人工智能伦理研究员	046

第三章 艺术型（A）职业

书籍/广告插画创作	048
影视特效师	048
音乐制作人	048
平面设计师	049
服装设计师	049
摄影师	049
动画师	050
广告创意总监	050
舞台美术师	050
雕塑家	051
游戏原画师	051
建筑设计师	051
陶艺师	052
舞蹈编导	052
书法家	052
UI/UX设计师	053
珠宝设计师	053
戏剧导演	054
艺术策展人	054
文学作家	054
漫画家	055
花艺设计师	055
灯光设计师	055
文化遗产修复师	056
品牌视觉顾问	056
手工艺人	056
化妆造型师	057
影视编剧	057
艺术教育讲师	057
数字媒体艺术家	058
艺术评论家	058
动漫配音演员	059
文创产品设计师	059
展览空间设计师	059
乐器制作师	060
古籍装帧师	060
艺术治疗师	060
时尚买手	061
影视分镜师	061
广告文案策划	061
影视美术指导	062
艺术经纪人	062
游戏剧情策划	062
公共艺术设计师	063
卡通形象设计师	063
艺术摄影导师	063
影视服装指导	064
音乐剧演员	064
艺术展览执行	064
非遗传承人	065
数字雕刻师	065
元宇宙场景设计师	066
跨境电商运营专员	066
旅游体验规划师	066

第四章 社会型（S）职业

- 中小学教师 068
- 护士 068
- 心理咨询师 068
- 医生（全科） 069
- 养老护理员 069
- 社区工作者 069
- 特殊教育教师 070
- 职业指导师 070
- 公共营养师 070
- 公益机构项目经理 071
- 婚姻家庭咨询师 071
- 临终关怀护士 071
- 青少年辅导员 072
- 法律援助律师 072
- 幼儿园教师 072
- 康复治疗师 073
- 社区卫生服务专员 073
- 残疾人就业顾问 074
- 戒毒社会工作者 074
- 灾害救援协调员 074
- 心理健康教育讲师 075
- 母婴护理师（月嫂） 075
- 社工督导 075
- 学校心理咨询师 076
- 公益基金会募捐专员 076
- 医患关系协调员 076
- 社区健康管理员 077
- 职业康复师 077
- 志愿者培训师 077
- 儿童福利院保育员 078
- 艾滋病防治宣传员 078
- 青少年司法社工 078
- 家庭医生 079
- 校园安全督导员 079
- 社区矫正社工 080
- 红十字会急救培训师 080
- 就业援助专员 080
- 失独家庭关怀员 081
- 心理健康热线咨询员 081
- 流浪乞讨救助员 081
- 社区老年大学讲师 082
- 戒毒所心理辅导员 082
- 农村留守儿童关爱员 082
- 残疾人体育教练 083
- 企业员工援助师 083
- 社区矛盾调解员 083
- 妇幼保健医生 084
- 社区图书馆管理员 084
- 职业院校实训导师 085
- 公益传播专员 085
- 公共卫生流行病调查员 085
- 青少年编程教育讲师 086
- 健康管理师 086
- 会展活动策划师 086

第五章 企业型（E）职业

- 企业总经理 088
- 市场营销总监 088
- 金融投资顾问 088
- 人力资源经理 089
- 连锁餐饮区域经理 089
- 电子商务平台运营官 089
- 房地产项目总监 090
- 供应链物流经理 090
- 国际贸易经理 090
- 上市公司董事会秘书 091
- 网红经纪公司首席执行官 091
- 新能源项目开发经理 091
- 教育培训机构校长 092
- 医疗集团运营总监 092
- 区块链合规顾问 092
- 风险投资合伙人 093
- 智能制造工厂厂长 093
- 政府采购招标经理 094
- 文化旅游景区总经理 094
- 会计师事务所合伙人 094
- 科技孵化器首席执行官 095
- 零售连锁采购总监 095
- 影视制片人 095
- 酒店集团区域总经理 096
- 农业合作社理事长 096
- 汽车4S店总经理 096
- 知识产权代理机构负责人 097
- 快消品渠道经理 097
- 环保科技公司市场总监 097
- 体育赛事运营总监 098
- 跨境电商平台首席执行官 098
- 高端定制旅游策划师 099
- 大数据营销公司总经理 099
- 智慧城市项目总指挥 099
- 文化传媒集团首席执行官 100
- 医药销售大区经理 100
- 智能制造产业园区首席执行官 100
- 社交媒体运营总监 101
- 航空物流公司总经理 101
- 奢多品品牌中国总裁 101
- 乡村振兴项目负责人 102
- 人工智能产品经理 102
- 保险精算师事务所合伙人 102
- 电竞俱乐部经理 103
- 高端家政服务平台首席执行官 103
- 新能源汽车销售总监 103
- 私募股权基金总经理 104
- 智慧农业合作社理事长 104
- 国际会展公司总经理 104
- 元宇宙平台运营官 105
- 医疗器械销售工程师 105
- 智慧农业技术推广员 106
- 金融科技产品经理 106
- 社区养老护理协调员 106

第六章 常规型（C）职业

- 物流调度员 108
- 银行柜员 108
- 行政助理 108
- 税务申报专员 109
- 医疗档案编码员 109
- 数据录入员 109
- 档案管理员 110
- 出纳员 110
- 统计分析师 110
- 仓库管理员 111
- 质量检验员 111
- 人力资源专员 111
- 法律文书校对员 112
- 会计 112
- 保险理赔审核员 113
- 采购订单处理员 113
- 工资核算专员 113
- 航空票务操作员 114
- 知识产权流程专员 114
- 信用卡风控专员 114
- 图书管理员 115
- 客服工单处理员 115
- 招标文件管理员 115
- 供应链数据治理员 116
- 财务报表审计员 116
- 医疗耗材库存管理员 116
- ISO体系内审员 117
- 电子档案备份员 117
- 报关单证员 117
- 电力抄表员 118
- 政府采购合同管理员 118
- 权证专员 118
- 教育培训机构学籍管理员 119
- 会议活动执行员 119
- 食品安全记录员 120
- 区块链合规记录员 120
- 银行反洗钱监测员 120
- 临床试验数据协调员 121
- 建筑工程资料员 121
- 电商平台订单处理员 121
- 电力调度值班员 122
- 上市公司信息披露员 122
- 快递面单扫描员 122
- 社保公积金专员 123
- 实验室样本管理员 123
- 影视版权登记员 123
- 机场安检信息录入员 124
- 图书编辑 124
- 工业设备保养记录员 125
- 智慧城市数据标注员 125
- 碳排放核算员 125
- 网络舆情监测员 126
- 标准化文档工程师 126
- 文化遗产数字化保护师 126

第七章 跨类型职业

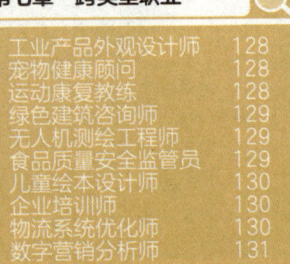

- 工业产品外观设计师 128
- 宠物健康顾问 128
- 运动康复教练 128
- 绿色建筑咨询师 129
- 无人机测绘工程师 129
- 食品质量安全监管员 129
- 儿童绘本设计师 130
- 企业培训师 130
- 物流系统优化师 130
- 数字营销分析师 131
- 智能硬件产品测试员 131
- 环保设备销售经理 131
- 老年产品用户体验师 132
- 职业心理咨询师 132
- 医疗信息化实施顾问 132
- 城市绿化规划师 133
- 农业电商主播 133
- 碳中和项目经理 134
- 智能仓储管理员 134
- 文化创意园区运营 134
- 健身营养顾问 135
- 工业设计专利代理人 135
- 乡村振兴项目协调员 135
- 在线教育课程设计师 136
- 智能客服系统训练师 136
- 新能源汽车维修培训师 136
- 供应链金融风控师 137
- 医美咨询师 137
- 宠物营养师 137
- 非遗手工艺推广人 138
- 智慧城市数据分析师 138
- VR医疗模拟训练师 138
- 跨境物流解决方案师 139
- 青少年科创赛事导师 139
- 新能源车电池回收经理 140
- 区块链金融产品经理 140
- 影视IP衍生品开发经理 140

职业兴趣测试

对于未来,您需要早做筹谋。它或许**模糊朦胧**,或许**真切明朗**。试一试、测一下,全面了解自己,让未来从迷茫抽象变得**清晰具体**。

1 凭直觉答题　**2** 根据测试统计分数　**3** 根据分数绘画兴趣模型　**4** 参照结果解读对照阅读本书

请根据真实兴趣勾选你喜欢的活动或职业类型（每题仅选一项）。诚实作答能更精准反映你的职业倾向，结果将揭示最适合你的职业方向。无需反复斟酌，凭第一直觉选择即可。

R

	是	否
擅长使用锤子、扳手等工具进行修理。	□	□
修理自行车、电器等时有成就感。	□	□
童年时喜欢将玩具拆开再重新组装。	□	□
更倾向于体力劳动类工作。	□	□
擅长制作木工模型或手工艺品。	□	□
喜欢户外活动，如登山、露营。	□	□
对电脑硬件组装、维修有浓厚兴趣。	□	□
享受在农场或果园从事种植、收割等农事活动。	□	□
能快速学会使用新工具，如电钻、角磨机。	□	□
喜欢用废旧材料制作实用物品。	□	□
能够独立完成家具组装或房屋维修项目。	□	□
对机械原理有深入研究。	□	□
常常通过动手实践解决问题。	□	□
能够快速诊断并修复电子产品故障。	□	□
对手工艺有学习热情。	□	□

S

	是	否
主动询问朋友是否需要情感支持。	□	□
见陌生人困难主动帮忙。	□	□
更愿参加团队协作活动。	□	□
常组织朋友或社区活动。	□	□
更关注他人情绪。	□	□
愿牺牲时间当志愿者。	□	□
擅调解朋友间矛盾冲突。	□	□
倾向选频繁沟通职业。	□	□
常主动发起话题破冰。	□	□
更关注群体利益而非自己利益。	□	□
擅记他人生日、爱好等细节。	□	□
帮助他人比完成任务更有成就感。	□	□
擅倾听并缓解他人的焦虑。	□	□
认为团队成功重于个人荣誉。	□	□
常分享经验助他人成长。	□	□

E

	是	否
擅长说服他人接受我的观点。	☐	☐
组织聚会或活动让我充满成就感。	☐	☐
习惯在会议中担任主导角色。	☐	☐
销售业绩达成让我有强烈满足感。	☐	☐
享受制订团队目标并监督执行。	☐	☐
竞选学生会主席曾是我的目标。	☐	☐
常主动发起团队讨论新方案。	☐	☐
谈判中争取利益是我的强项。	☐	☐
创业想法常在我脑海中浮现。	☐	☐
能快速发现商业合作中的机会。	☐	☐
习惯用奖励机制激励他人。	☐	☐
冒险型决策比保守策略更吸引我。	☐	☐
擅长策划大型活动流程。	☐	☐
常被推选为项目负责人。	☐	☐
擅长协调多方资源解决问题。	☐	☐

C

	是	否
习惯按计划完成工作。	☐	☐
整理文件让我感到安心。	☐	☐
更愿选择稳定的工作。	☐	☐
遵守时间表是我的强项。	☐	☐
细致检查错误是必要步骤。	☐	☐
擅长处理数据表格。	☐	☐
倾向于遵循既定流程。	☐	☐
常主动制订每日计划。	☐	☐
会议记录必须工整清晰。	☐	☐
享受分类整理物品的过程。	☐	☐
突发变动会打乱我的节奏。	☐	☐
合同条款细节从不马虎。	☐	☐
习惯用清单管理任务。	☐	☐
更关注流程而非创意。	☐	☐
按时提交报告是首要原则。	☐	☐

I

	是	否
爱追问"为什么"而非"怎么做"。	☐	☐
拆解机械原理让我着迷。	☐	☐
实验室数据比直觉更可信。	☐	☐
常对复杂问题进行实验验证。	☐	☐
认为独自研究比团队协作更高效。	☐	☐
抽象理论比具体案例更吸引我。	☐	☐
习惯用逻辑推理打破惯性思维。	☐	☐
代码编程让我有掌控感。	☐	☐
享受独自攻克难题的过程。	☐	☐
常通过文献追溯问题根源。	☐	☐
数学公式能让我快速理清思路。	☐	☐
显微镜下的微观世界令我兴奋。	☐	☐
擅长发现事物间的隐藏关联。	☐	☐
习惯用图表整理复杂信息。	☐	☐
常为验证假设反复试验。	☐	☐

A

	是	否
热衷戏剧、音乐、舞蹈创作。	☐	☐
设计家具或室内布局有成就感。	☐	☐
用绘画或摄影记录灵感。	☐	☐
业余爱写小说或诗歌。	☐	☐
喜欢用色彩而非文字表达情感。	☐	☐
听音乐不自觉跟节奏摇摆。	☐	☐
擅长手工制作独特装饰品。	☐	☐
看电影更关注镜头语言。	☐	☐
童年常在墙壁上涂鸦。	☐	☐
享受自由绘画或弹奏。	☐	☐
倾向于从事需审美判断的工作。	☐	☐
常梦想成为导演或舞台设计师。	☐	☐
愿用艺术的形式展示成果。	☐	☐
易被抽象画作或实验音乐吸引。	☐	☐
常为朋友设计贺卡或礼物。	☐	☐

✓ 计分与解析

类型对应题号:

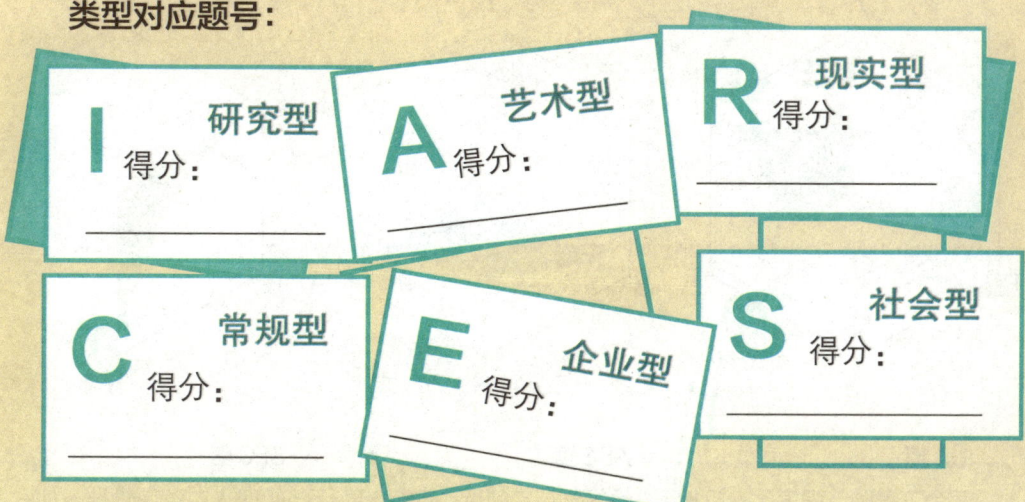

I 研究型 得分: _____
A 艺术型 得分: _____
R 现实型 得分: _____
C 常规型 得分: _____
E 企业型 得分: _____
S 社会型 得分: _____

计分规则:

每选"是"得 1 分,"否"得 0 分。

计算每类总分(满分 15 分),按分数高低排列前三位字母组合(如 ASE、CRI 等),根据自己的得分绘画出自己的职业兴趣图谱。

绘出你的职业兴趣:

此测试基于霍兰德职业兴趣测试

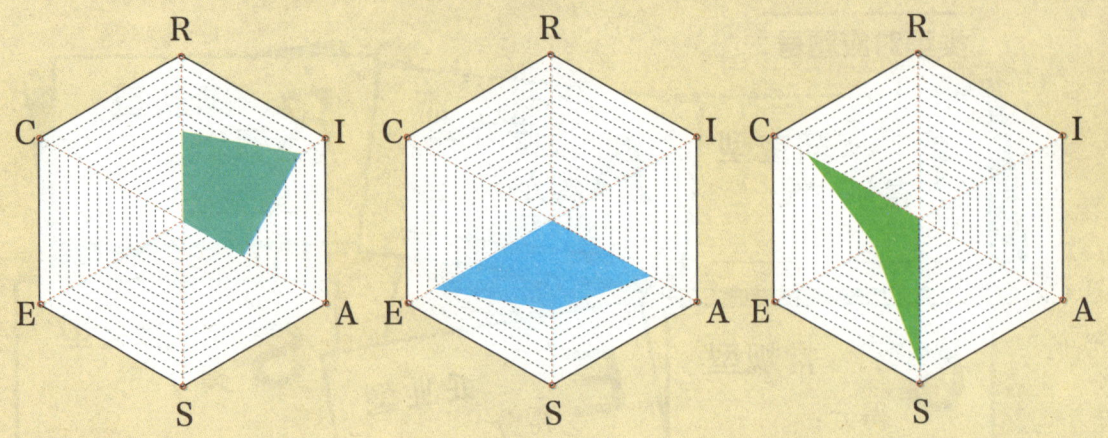

RIA 型：
适合工程师、程序员、机械设计师等技术类职业。

ASE 型：
可探索广告创意、艺术教育、新媒体运营等方向。

SEC 型：
倾向人力资源管理、社会工作或公共服务领域。

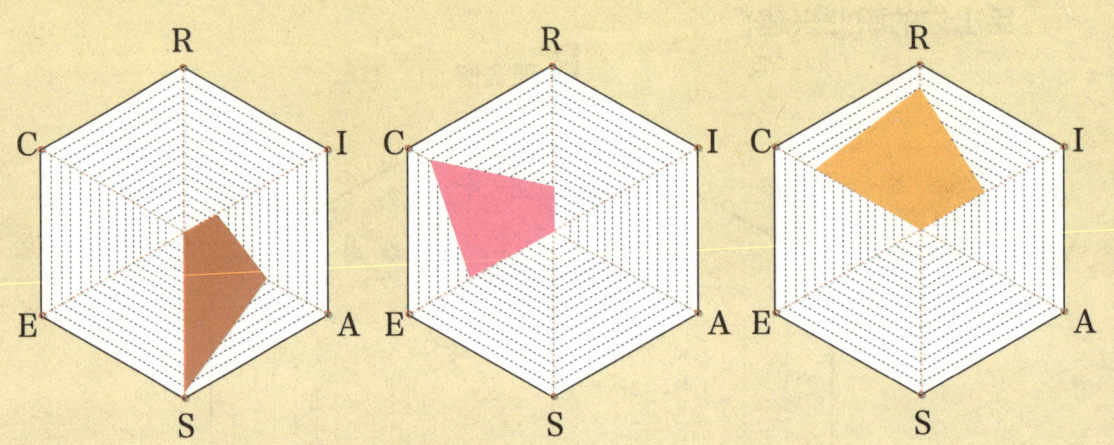

IAS 型：
适合科研与艺术创新结合的领域，例如艺术评论家、作家、作曲家等。

ECR 型：
适合销售经理、技术主管、项目经理等职业。

CRI 型：
适合会计、图书管理员、临床医学研究员等职业。

本测试非绝对职业决定工具，需结合个人能力与价值观综合判断

第一章
现实型（R）职业

现实型职业的从业者喜欢解决具体问题，注重技术和能力的实际运用。这类人通常比较踏实稳重，喜欢具有实际效益的工作，适合从事技术性或实用性较强的职业，如机械师、技工、制图员等。

数控机床操作工
岗位职责：设备操作与调试、识读机械图纸、基础编程与质量检测、设备维护、安全规范。

具体岗位：数控机床操作工是金属切削加工的一线技术岗位，主要负责操作数控系统来完成零件加工，包括数控车工、数控铣工、加工中心操作工、数控编程员、工艺工程师、设备维护工程师、质检员和生产班组长等。

 对应院校与专业参考
无锡职业技术学院
数控技术专业
哈尔滨工业大学
机械电子工程专业

职业发展路径
初级阶段：掌握单一机床全流程操作，参与标准件加工、基础维护。

高级阶段：取得高级技师职业资格证书，掌握多轴机床编程（如五轴联动），转向工艺优化或技术培训岗位，或数控设备研发方向。

建筑工人
岗位职责：建材加工与处理、建材安装与固定、质量控制与检验、安全与现场管理。

具体岗位：房屋与基础设施建设的建筑工人是工程中的核心劳动力，包括砌筑工、钢筋工、水电工、油漆工、架子工、装饰工、测量员、混凝土工、安全员等。

职业发展路径
初级建筑工人：掌握基础施工技术，正确使用防护设备。

高级建筑工人：统筹整个项目，制订计划，把控成本，会 CAD 看图、BIM 建模、监督质量，安排分工。

 对应院校与专业参考
大连理工大学
土木工程专业
河南建筑职业技术学院
建筑工程技术专业

港口机械操作员
岗位职责：安全、准确、高效地操作特定类型的港口大型机械设备，完成货物流转的全流程作业。

具体岗位：港口机械操作员通过专业操作完成货物装卸、堆存等任务，确保货物流转顺畅。包括岸边装卸机械操作员、堆场作业机械操作员、水平运输机械操作员、重大件操作专员、复合型操作员等。

 对应院校与专业参考
上海海事大学
机械设计制造及其自动化专业
天津海运职业学院
港口机械与智能控制专业

职业发展路径
初级港口机械操作员：对所操作港口机械的核心原理、结构组成、性能参数、标准化操作程序非常熟悉，确保货物完好、设备安全及作业效率达标。

高级港口机械操作员：在特定类型设备操作上达到行业顶尖水平，参与作业流程优化、设备操作规范制定，推动团队操作技能标准化与高效化。

汽车维修技师

岗位职责：故障诊断与维修、技术知识与图纸解读、协作与规划。

具体岗位：汽车维修技师使汽车得到更好的维护和修理，包括汽车机电维修技师、汽车机修技师、汽车电气系统技师、发动机专修技师、钣金技师、维修顾问等。

 对应院校与专业参考
武汉交通职业学院
汽车检测与维修技术专业
沈阳万通汽车职业技术学院
汽车检测维修专业

职业发展路径
初级汽车维修技师：执行标准化保养与简单维修，保障车辆基础性能。
高级汽车维修技师：主导复杂故障诊断、维修方案设计及团队技术统筹。

电工

岗位职责：设备维护与故障排除、电气安装与施工、质量控制与记录、应急准备与响应。

具体岗位：电工是确保电力供应和设备正常运行，保障用电安全的工种，包括安装电工、维修电工、系统维修电工、变电站运行电工、配电室运行电工、高压电工、低压电工、防爆电工、企业电工、建筑电工、物业电工等。

职业发展路径
初级电工：掌握电工基础技能，完成低压电路安装与日常维护。
高级电工：主导高压系统检修、电力系统设计及复杂故障处理。

 对应院校与专业参考
上海电力大学
电气工程及其自动化专业
广东水利电力职业技术学院
电气自动化技术专业

木工

岗位职责：模板安装与拆除、木质结构制作与安装、项目管理、质量控制。

具体岗位：木工是以木材为主要材料的传统手工技艺与职业，包括建筑木工、装修木工、模板木工、家具木工、橱柜制作工、木雕师、古建修复木工、包装木工、船舶木工等。

 对应院校与专业参考
南京林业大学
木材科学与工程专业
杭州建设职业学校
木工工艺专业

职业发展路径
初级木工：掌握木工基础技能，完成简单施工任务。
高级木工：精通复杂项目，如全屋定制、古建筑修复等，同时具备团队管理能力，能协调团队的分工和合理安排各项事项。

 **工业锅炉操作工**

岗位职责：水样采集与处理、化学分析、记录与分析数据、质量控制、仪器维护与安全、异常排查与报告。

具体岗位：工业锅炉操作工需要保障生产供应，包括司炉工、副司炉工、水质化验员、锅炉维护工、安全管理员等。

 职业发展路径

初级锅炉工：懂得工业锅炉的本体结构及运行原理，能进行锅炉启停操作，监控水位、压力、温度等参数，掌握日常维护，如排污、润滑、清理炉灰等，能识别常见故障。

高级锅炉工：懂得多种类型锅炉的运行调整，能进行节能优化与技术改进，掌握复杂故障诊断，具备班组管理能力，可培训中级工。

对应院校与专业参考

西华大学
热能与动力工程专业

四川锅炉高级技工学校
焊接加工专业

 **工具钳工**

岗位职责：加工零件、装配和维修设备、制造与修理工具和模具。

具体岗位：工具钳工利用手工工具结合机械加工设备，完成零件加工、设备装配、工具模具制造及维修的钳工，包括工具制造钳工、夹具钳工、模具钳工、量具钳工、维修钳工、汽车行业工具钳工、航空航天钳工、电子行业钳工、通用机械制造钳工等。

对应院校与专业参考

河北工业职业技术大学
机械设计制造及自动化专业

深圳职业技术学院
机械设计与制造专业

 职业发展路径

初级工具钳工：会画线、锯削、锉削、钻孔、攻丝、套丝等工序，能看懂简单机械零件图和装配图，掌握常用钳工工具的使用方法。

高级工具钳工：主导模具、夹具制造、复杂设备调试及工艺优化，具备技术创新能力。

 **建筑防水工**

岗位职责：监督指导、组织施工、资料管理、项目管理、遵守规范。

具体岗位：建筑防水工是防止雨水、地下水等对建筑结构的侵蚀的工种，包括防水施工员、防水维修工、防水质检员、防水材料加工员、屋面防水工、地下工程防水工、室内防水工、外墙防水工、卷材防水工、涂料防水工、刚性防水工等。

职业发展路径

初级防水工：懂得常用工具、材料名称及用途，掌握基础施工工艺，掌握沥青涂料涂刷、卷材粘贴、密封胶填嵌、使用简单机械。

高级防水工：能在复杂环境中施工，如低温、高温、掌握渗漏治理，能对质量事故进行预防。

 对应院校与专业参考

西安建筑科技大学
土木工程类专业

北京工业职业技术学院
建筑工程技术专业

光伏发电系统安装工
岗位职责：设备安装、电气连接、支架安装、运维支持。

具体岗位：光伏发电系统安装工可以促进可再生能源发展，提供稳定电力供应，包括光伏组件安装工、电气安装工、支架结构安装工、系统调试与运维工、分布式光伏安装工、大型地面电站安装工等。

对应院校与专业参考
华北电力大学
新能源科学与工程专业
天津轻工职业技术学院
光伏发电技术与应用专业

职业发展路径
初级光伏安装工：掌握基础安全规范，能独立完成支架安装、组件固定、电缆敷设等基础工作，熟悉施工图纸，能按规范操作工具。

高级光伏安装工：精通光伏系统全流程，如设计、安装、调试、运维，具备初级和中级员工的培训能力，熟悉储能系统安装，能对项目进行成本控制。

铸造工
岗位职责：工艺设计与开发、新产品导入（NPI）支持、生产异常分析与解决、设备与材料管理、成本控制与技术降本。

具体岗位：铸造工通过铸造工艺将熔化的金属或合金注入模具中，形成各种零件和构件，包括工艺设计工程师、模具设计师、造型师、熔炼工、浇注工、清理工、修护工、检验工等。

对应院校与专业参考
上海科技大学
材料科学与工程专业
沈阳工业大学
材料成型及控制工程专业

职业发展路径
初级铸造工：能铸造基础工艺，如熔炼、浇注、砂型制作等，能操作基本铸造设备，能根据产品要求选择合适的铸造材料。

高级铸造工：能设计复杂铸造工艺，能解决生产中的技术问题，具备一定的生产管理能力，如车间生产安排等，熟悉ISO 9001质量管理体系及铸造行业标准。

工业设备安装工
岗位职责：资料审查、场地清理与基础检查、工具与材料准备、设备吊装与就位、管道连接与安装、电气与仪表安装配合、安装质量检查与调试。

具体岗位：工业设备安装工是精确安装各类机械设备，确保生产过程中安全性和效率的工种，包括通用工业设备安装工、化工设备安装工、建筑设备安装工、智能制造设备安装工等。

职业发展路径
初级工业设备安装工：掌握基本的电气或机械安装知识，能完成简单的设备安装和调试，熟悉安全操作规程，能正确使用个人防护装备。

高级工业设备安装工：能完成复杂设备的安装、调试及故障诊断，掌握设备性能试验、验收标准。

对应院校与专业参考
江苏科技大学
机械设计制造及其自动化专业
四川建筑职业技术学院
工业设备安装工程技术专业

管道工

岗位职责：管道系统安装、管道系统维护、配合其他工种、材料与工具专业认知、安全作业规范与应急处置。

具体岗位：管道工是确保供水、排水、燃气等系统正常运行，保障居民生活需求、防止环境污染、为城市基础设施正常运转提供基础支撑，包括建筑安装管道工、工业管道工、市政管道工、燃气管道工、化工管道工、焊接管道工、消防管道工等。

职业发展路径

初级管道工：掌握基础管道安装、维修任务，掌握标准化操作流程。

高级管道工：能独立完成高难度管道工程，如自动喷水灭火系统等，具备项目管理能力，可以实时把握进度和把控质量。

对应院校与专业参考

河北石油职业技术学院
管道工程技术专业

昆明工业职业技术学院
管道运输管理专业

电焊工

岗位职责：设备操作与维护、安全与防护、作业环境管理、应急处理。

具体岗位：电焊工是负责将金属或其他材料通过焊接技术紧密结合的工种，包括电弧焊工、氩弧焊工、二氧化碳保护焊工、埋弧焊工、钢结构焊工、管道焊工、船舶焊工、压力容器焊工、汽车焊工等。

对应院校与专业参考

哈尔滨工业大学
焊接技术与工程专业

天津海运职业学院
智能焊接技术专业

职业发展路径

初级焊工：掌握简单焊接设备的使用方法，如平焊、角焊等。

高级焊工：精通特种材料焊接，如不锈钢、铝合金等，能解决焊接变形、裂纹等技术难题。

起重机操作员

岗位职责：设备检查和维护、安全操作、应急处理与作业记录、持证上岗。

具体岗位：起重机操作员通过操作起重机，完成各种重物的吊运和安装工作，包括塔式起重机操作员、移动式起重机操作员、门式起重机操作员、履带式起重机操作员、建筑起重机操作员、工业起重机操作员等。

职业发展路径

初级起重工：能操作桥式起重机、叉车等基本设备，可进行吊装、搬运、定位等基础作业。

高级起重工：能熟练操作塔式起重机、门座起重机等复杂设备，可独立制订吊装方案，能自主选择吊具和计算载荷等。

对应院校与专业参考

云南省建筑工程学校
起重装卸操作与维修专业

湖南工程职业技术学院
工程机械运用技术专业

 公交司机

岗位职责：行车安全管理、车辆维护与智能设备操作、运营调度与服务规范、应急事件处置规范。

具体岗位：公交司机为乘客提供安全、便捷的出行服务，包括城市公交司机、城郊公交司机、快速公交司机、普通公交车司机、双层公交车司机、无障碍公交车司机、微型巴士司机等。

职业发展路径

初级公交司机：熟练掌握公交车辆操作，如车门控制等，熟悉交通法规和公交运营规范，具备基础应急处理能力，如车辆故障等。

高级公交司机：熟悉公交调度系统，如智能调度平台等，具备团队管理能力，如协调班次等，掌握新能源公交车操作，如纯电动、混合动力等新能源公交车等。

对应院校与专业参考
重庆公共交通技工学校
客车驾驶专业
上海交通职业技术学院
交通运营管理专业

 铁路线路工

岗位职责：线路日常检查与维护、线路设备保养、综合修理、应急处理。

具体岗位：铁路线路工确保铁路运输的安全和高效，包括线路巡检工、线路维修工、大型机械操作员、道岔专修工、焊轨工、探伤工等。

职业发展路径

初级线路工：会使用小型养路机具，如液压起道器等，掌握线路几何尺寸测量，如轨距等，能进行简单问题处理如改道、更换扣件等。

高级线路工：能组织线路大修施工，如更换钢轨等，掌握电气化铁路维修安全规范，能分析轨道问题存在成因并提出方案。

对应院校与专业参考
吉林铁道职业技术大学
高速铁路工程专业
广州铁路职业技术学校
铁道机车运用与维护专业

电梯安装维修工

岗位职责：掌握电梯性能、日常检查和维护、持证上岗、进度跟踪、故障处理。

具体岗位：电梯安装维修工确保电梯能够安全运行，包括电梯安装工、电梯维修工、电梯调试工程师、电梯检验员、电梯改造技术员等。

对应院校与专业参考
- 广州轻工职业学校
  电梯安装与维修专业
- 山东职业学院
  电梯工程技术专业

职业发展路径
初级工：会安装交流双速电梯的电气部分，能排除轿厢不启动、平衡不准等简单故障，懂得电梯日常维护保养的基本技能。

高级工：会调试直流高速电梯、全电脑控制变频电梯，会解决电梯运行时产生的振动噪声问题，能编制新产品的安装工艺手册。

农业机械操作员

岗位职责：农业机械操作与管理、设备维护与保养、安全操作与管理。

具体岗位：农业机械操作员通过熟练操作各类农业机械设备，高效完成各项农业任务，包括拖拉机操作员、联合收割机操作员、植保机械操作员、灌溉设备操作员、农田作业操作员、农机合作社技术员等。

对应院校与专业参考
- 华南农业大学
  农业机械化及其自动化专业
- 广西水产畜牧学校
  农业机械使用与维护专业

职业发展路径
初级阶段：能熟练启动、转向、升降、停止农机等基本控制。

高级阶段：会自主调整农机参数以提高作业效率，如收割机减损率等。

纺织设备操作员

岗位职责：纺织设备操作与维护、质量控制、卫生与安全管理。

具体岗位：纺织设备操作员确保设备正常运行，生产高质量的纺织品，包括纺织工序操作员、织造工序操作员、针织工序操作员、非织造布操作员、印染后整理操作员等。

职业发展路径
初级纺织设备操作员：掌握纺织设备的基本操作，如纺纱设备等，能进行设备日常维护，如清洁、简单故障排查。

高级纺织设备操作员：懂得机电一体化调试与设备升级，如 PLC 控制系统、传感器监测装置等，能自主对设备进行改造或升级。

对应院校与专业参考
- 武汉纺织大学
  纺织工程专业
- 石家庄冀中纺织中等专业学校
  纺织机电设备维修专业

混凝土工

岗位职责：材料配制与混凝土制备、混凝土浇筑、模板安装与拆除、混凝土表面处理、安全操作与质量检查。

具体岗位：混凝土工是确保建筑工程的质量和安全的工种，包括普通混凝土工、混凝土浇筑工、混凝土振捣工、混凝土抹灰工、混凝土泵送操作工、混凝土质量检测员、混凝土修补工等。

职业发展路径

初级混凝土工：能识别水泥、砂石等原材料的质量，能进行基础振捣、抹平、养护等操作。

高级混凝土工：可以自主参与桥梁、高耸构筑物的混凝土浇筑，如烟囱等，能制订施工方案，合理安排施工人员施工任务和控制施工进度。

 对应院校与专业参考

河北石油职业技术大学
管道工程技术专业

燕京理工学院
土木工程专业

工业机器人操作员

岗位职责：装配机械部件、功能检测与调试、电气图识读与装配、电气线路连接与调试、示教器操作与编程、系统控制与优化。

具体岗位：工业机器人操作员确保生产过程安全并提高生产效率，包括工业机器人操作员、工业机器人系统集成工程师、工业机器人维修工程师等。

职业发展路径

初级工业机器人操作员：懂得工业机器人的基本结构、运行原理和简单编程指令，如示教器操作，能进行机器人开机等。

高级工业机器人操作员：能独立完成产线机器人的操作，能设计电气图纸，能指导员工操作，并能合理安排分工协作。

对应院校与专业参考

广州科技贸易职业学院
工业机器人技术应用专业

深圳职业技术大学
工业机器人技术专业

叉车驾驶员

岗位职责：货物管理、设备维护、环境卫生管理、安全操作。

具体岗位：叉车驾驶员是减少直接时间和库存成本，包括仓储叉车驾驶员、建筑工地叉车驾驶员、港口叉车驾驶员、制造业叉车驾驶员、冷链物流叉车驾驶员等。

职业发展路径

初级叉车驾驶员：掌握叉车启动、熄火，会转向和倒车，掌握货物叉取、升降、堆放，能夜间使用作用灯光、雨雪天防滑、冷库环境防寒操作，懂得不同货物的叉取技巧。

高级叉车驾驶员：掌握无人叉车调度系统操作、能分析作业数据。

 对应院校与专业参考

重庆兴渝职业中等专业学校
叉车驾驶专业

华中科技大学
物流管理专业

 **建筑幕墙安装工**

岗位职责：安装和调试幕墙结构、连接与密封处理、安全操作、使用工具和设备、质量检查、维护和保养。

具体岗位：建筑幕墙安装工将玻璃、金属或石材等幕墙材料安装在建筑物外立面上，保证建筑的美观并提高建筑的安全、防水、保温及节能性能，包括幕墙安装工、幕墙测量员、幕墙打胶工、幕墙吊装工、幕墙维修工、幕墙质检员、幕墙技术员等。

职业发展路径

初级幕墙安装工：懂得基本幕墙构件的安装与调整，熟悉幕墙安装工具的使用及安全操作规范，了解幕墙防水、隔热等基础施工工艺。

高级幕墙安装工：能独立制订幕墙安装方案，具备幕墙材料选型及成本控制能力，能指导现场施工。

对应院校与专业参考

大连理工大学
土木工程专业
广西建工建筑安装技工学校
建筑工程施工专业

 工业自动化仪表工

岗位职责：维护和修理仪表系统、调整和整定仪器仪表设备、故障处理、安全操作。

具体岗位：工业自动化仪表工通过精确检测和控制生产过程中的各种参数，确保生产线的稳定运行，包括仪表安装于调试工、仪表维修工、自动化控制系统仪表工、仪表校准于计量工等。

对应院校与专业参考

哈尔滨工业大学
测控技术与仪器专业
衡阳技师学院
工业自动化仪器仪表装配与维护专业

职业发展路径

初级仪表工：能识读工艺流程图和仪表接线图，掌握压力、温度、流量、液位等仪表的检修与调试，熟悉仪表防冻、防腐、防泄漏处理方法。

高级仪表工：能检修复杂控制系统，如 DCS，具备工业网络通信的故障排除能力，如 Profibus。

 **智能家居安装师**

岗位职责：项目安装与调试、技术支持与维护、故障排除与优化、问题反馈与改进。

具体岗位：智能家居安装师通过安装和调试智能家居系统以提升人们的生活质量，包括智能家居安装工程师、智能家居调试维护工程师、智能家居技术支持工程师、智能家居系统集成工程师等。

职业发展路径

初级智能家居安装师：具备电工基础与安装工艺，精通弱电布线工艺，熟练水晶头端接，懂得智能开关、插座安装。

高级智能家居安装师：具备系统集成能力，熟悉 KNX、ZigBee 等协议，能独立完成全屋智能方案设计。

对应院校与专业参考

北京理工大学
物联网工程专业
常州信息职业技术学院
物联网应用技术专业

工业设备清洗工

岗位职责：制订和执行清洗方案、配置和检验化学药品、操作化学清洗设备、处理清洗过程中的问题、环保处理废液、遵守安全规范。

具体岗位：工业设备清洗工通过清洗设备去除污垢和油脂等污染物，保证设备的正常运行，包括化工行业清洗工、电力行业清洗工、食品行业清洗工、天然气行业清洗工、制造业清洗工、高压水射流清洗工、激光清洗工等。

职业发展路径

初级工业设备清洗工：考取初级工业清洗工证书，能进行简单设备拆解、清洗、安装，能使用基础清洗工具，如高压水枪，掌握化学清洗剂的安全使用方法。

高级工业设备清洗工：考取高级工业清洗工证书，能制订清洗方案，如酸洗，熟练使用特种清洗设备，如干冰清洗机，具备废液回收与环保处理能力。

对应院校与专业参考

广东工业大学
环境工程专业

大同煤炭职业技术学院
煤炭清洗利用技术专业

汽车喷漆工

岗位职责：喷涂工作、质量控制和安全问题处理、设备维护。

具体岗位：汽车喷漆工为汽车车身及零部件提供油漆覆盖，增强车身的防腐、防锈能力，包括事故车喷漆师、汽车美容喷漆工、豪车喷漆技师等。

对应院校与专业参考

天津职业大学
汽车车身维修技术专业

济南理工学校
汽车车身修复专业

职业发展路径

初级喷漆工：了解汽车喷漆基本流程，能完成简单喷涂任务，熟悉汽车专用油漆种类及基础调色方法。

高级喷漆工：熟练掌握汽车大面积喷涂、复杂调色、漆面修复等高级技术，能处理各类漆面问题，如色差，并具备设备维护能力。

铁路机车车辆驾驶人员

岗位职责：机车驾驶操作、运行监控与故障处置、行车信号识别、安全规章执行、列车调度配合、机车日常检查维护。

具体岗位：电力机车司机、内燃机车司机、动车组司机、调车司机等。

对应院校与专业参考

北京交通大学
交通运输（铁道运输）专业

石家庄铁道大学
铁道机车车辆工程专业

职业发展路径

正式司机：独立驾驶机车，熟悉不同车型操作，掌握应急处置流程，积累安全驾驶里程。

高级司机：具备丰富驾驶经验，可担任新司机培训、行车安全督导或技术改进工作。

电力线路架设工

岗位职责：施工现场管理、施工进度与成本控制、安全与质量管理、资料管理。

具体岗位：电力线路架设工是保证电力系统的稳定供应的工种，包括线路施工员、高空作业工、接地装置安装工、高压线路架设工、低压配电线路工等。

 对应院校与专业参考

广安职业技术学院
发电厂及电力系统专业

华北电力大学
输电线路工程专业

职业发展路径

初级电力线路架设工：能熟练完成杆塔组立、导线架设、绝缘子架设，能使用经纬仪、GPS定位设备开展线路路径放样工作。

高级电力线路架设工：掌握超高压线路施工、直升机放线等新技术，能在山区、跨江等复杂地形环境中施工，能制订安全技术措施方案。

制冷设备维修工

岗位职责：日常巡检与保养、故障诊断与维修、应急抢修与系统调试、安全规范与环保操作。

具体岗位：制冷设备维修工指通过专业技术手段，对各类制冷设备进行安装、调试、维护及故障排除的工种，包括家电维修工、冷链设备维修工、工业制冷工程师、氨制冷系统维修工、医疗制冷设备维修工等。

职业发展路径

初级制冷设备维修工：能识别制冷设备零部件，如压缩机、冷凝器等，能使用扳手、螺丝刀等工具进行简单安装。

高级制冷设备维修工：能大修螺杆式压缩机，处理小型冷库电控系统故障，能分析变频空调控制电路，能调试复叠式制冷系统。

 对应院校与专业参考

武汉科技职业学院
制冷与空调技术专业

西安交通大学
能源与动力工程专业

工业设备涂装工

岗位职责：配制与混合涂料、操作设备、质量控制、设备维护、安全操作。

具体岗位：工业设备涂装工是为工业产品进行保护和装饰的工种，包括预处理工、喷涂操作工、重型机械涂装工、轨道交通涂装工、海洋设备涂装工、航空航天涂装工、电子产品涂装工等。

职业发展路径

初级涂装工：能使用砂布、钢丝刷等工具进行除锈、除旧漆，能识别主剂、固化剂和稀释剂，掌握基本的刷涂、喷涂技术。

高级涂装工：能操作自动调漆设备，能控制涂料黏度，懂得淋涂等复杂工艺，能独立解决涂层附着力、色差等质量问题，熟悉汽车等高精度工件的涂装标准。

对应院校与专业参考

南京工业大学
化学工程与工艺专业

山东化工技师学院
化工机械维修专业

消防设施操作员

岗位职责：持证上岗与设备操作、火警与故障处理、值班制度与记录、应急响应、设备维护与管理。

具体岗位：消防设施操作员从事消防控制室值班操作，在消防技术服务机构从事消防设施检测、维修、保养等工作，包括消防控制室值班员、消防设施维护保养员、消防设施检测员、消防安全管理员等。

对应院校与专业参考

中国矿业大学
安全工程专业

兴安职业技术学院
消防工程专业

职业发展路径

初级阶段：能监控火灾报警系统、能操作简易消防设施，如灭火器、消火栓等。

高级阶段：能自主制订消防设施维护计划、懂得复杂消防系统的调试与优化，如气体灭火系统等，懂得智能化消防管理，如物联网系统应用等。

印刷机械操作员

岗位职责：操作胶印机、准备和调试印刷材料、检查和安装印版、监控印刷质量、清洗印刷机、收集和检查印刷品。

具体岗位：印刷机械操作员通过操控不同类型的印刷设备，将图文信息转移到纸张、塑料、金属等承印物上，确保印刷品符合质量标准与生产要求，包括胶印机操作员、凹版印刷操作员、柔印机操作员、丝网印刷操作员、数码印刷机操作员、传统机械印刷机操作员、全自动生产线印刷操作员等。

职业发展路径

初级工：能独立操作单一印刷设备，如胶印机、数码印刷机等，能完成基础换版、上墨、纸张输送等操作，能识别印刷缺陷，如套印不准等。

高级工：能根据材料特性调整印刷参数，如不同纸张的吸墨性等，能参与新工艺测试与应用，如绿色油墨调试，技术培训与经验传承等。

对应院校与专业参考

天津职业大学
印刷技术专业

郑州职业技术学院
印刷设备及工艺专业

模具制造工

岗位职责：设计与开发、协助解决技术问题、模具维护、项目协调。

具体岗位：模具制造工通过设计、加工等全流程保障工业产品零部件批量生产，包括模具设计工程师、模具加工技师、模具装配工、模具维修工、模具抛光工、模具质检员等。

职业发展路径

初级阶段：能操作普通机床，如车床，能进行简单零件加工，能使用基本测量工具，如游标卡尺，懂得模具装配的基本流程。

高级阶段：精通高精度的模具制造，如汽车覆盖模具，运用逆向工程软件，如3D扫描，精通快速成型技术，如3D打印。同时，具有指导团队分工合作的能力。

对应院校与专业参考

哈尔滨工业大学
模具设计专业

无锡职业技术学院
模具设计与制造专业

航空器维修机械师

岗位职责：执行维修任务、生产安全管理、汇报飞机状况、科研创新与项目管理。

具体岗位：航空器维修机械师通过专业技术确保航空器安全运行，包括航线维修机械师、定检维修机械师、机械系统维修师、航电维修师、发动机专项维修师、结构维修师等。

对应院校与专业参考

南通职业大学
飞机维修专业

上海民航职业技术学院
飞机结构修理专业

职业发展路径

初级阶段：能在航前和航后进行检查，懂得简单的故障排查，能阅读英文维修手册。

高级阶段：能对复杂的系统进行排查故障，如发动机、航电系统等，熟悉适航法规。

汽车装配工

岗位职责：组装汽车零部件、检查装配质量、操作装配设备、维护生产环境。

具体岗位：汽车装配工通过多岗位协同，全方位保障汽车安全和性能，包括汽车生产线装配工、汽车维修与保养技工、汽车零部件装配工、新能源汽车装配与维修工、汽车调试与质检员、汽车制造设备维护工等。

职业发展路径

初级阶段：掌握机械原理与工具的使用，如扳手、螺丝刀、电钻等，能阅读简单装配图纸，有基础安全意识。

高级阶段：能熟练整车装配流程，能解决装配中的技术问题，熟悉汽车电气系统，具有提高生产质量和改良措施的能力。

对应院校与专业参考

重庆能源工业技师学院
新能源汽车制造与装配专业

成都职业学校
汽车制造与装配专业

地质勘探技术员

岗位职责：执行地质勘探项目、分析环境资料、制定勘探技术作业标准、设备维护保养。

具体岗位：地质勘探技术员通过各种地质勘探技术对矿产资源进行调查研究并确保建筑物的安全性和稳定性，包括矿产地质勘探技术员、石油与天然气勘探技术员、水文地质勘探技术员、工程地质勘探技术员、环境地质勘探技术员、野外勘探技术员、室内数据处理与分析员、地质灾害检测员等。

对应院校与专业参考

成都理工大学
地质学专业

辽宁地质工程职业学院
矿产地质勘查专业

职业发展路径

初级技术员：需要掌握基础地质工具，如罗盘、GPS、地质锤等，会操作软件，如 GIS 等，能熟悉野外调查流程，如填图、采样等。

高级工程师：能全面负责大型勘探项目、能制订路线和预算，对资源评估能精准、能应对复杂地质问题。

水质检测技术员

岗位职责：水质监测与采样工作、安全操作、准备设备与工具、配合实验室、负有保密责任。

具体岗位：水质检测技术员确保水质符合安全标准，保护居民的饮水安全，包括水质采样和现场检测技术员、实验室水质分析技术员、工业过程水质监控技术员、环境水质监测技术员、水质检测设备维护与管理技术员、应急水质检测技术员等。

对应院校与专业参考

哈尔滨工业大学
环境科学与工程类专业

江苏建筑职业技术学院
环境工程技术专业

职业发展路径

初级阶段：能独立完成 pH、浊度、余氯等常规水质指标的检测，熟练仪器操作技能，了解采样规范、检测流程及质量控制要求。

高级阶段：能自主制订检测方案，主导大型水质监测项目，如流域污染调查等，精通《污水综合排放标准》（GB 8978-1996）等国家标准。

精密仪器维修师

岗位职责：安装验收、维修保养全院医疗设备、应急调配与协调、法规遵守与质量控制。

具体岗位：精密仪器维修师需要确保仪器设备准确性和稳定性，包括实验室仪器维修工程师、医疗设备维修工程师、工业自动化仪表维修师、电子测试仪器维修工程师、安全仪器维修工、科研仪器技术支持工程师等。

对应院校与专业参考

天津大学
精密仪器专业

山西长治市科技中等职业学校
光电仪器制造与维修专业

职业发展路径

初级工：掌握基本电路、机械原理、仪器结构知识，完成仪器拆卸、检测等操作。

高级工：能绘制仪器系统示意图，能排除工具、量具常见故障，能修复仪器关键部位零件，能设计简单工装夹具。

电子设备装接工

岗位职责：生产、加工和组装产品、操作和维护生产设备、质量和精度控制、清洁和整理环境。

具体岗位：电子设备装接工能够装配和连接广电和通信设备的关键部件，确保正常运行，包括电子装配工、电子装配工艺师、无线电装接工、电工装配工、下线工、电装调试工等。

对应院校与专业参考
西安电子科技大学
电子信息工程专业
深圳职业技术学院
电子信息工程技术专业

职业发展路径
初级工：能识读简单电路图、装配图，掌握基础焊接，懂得元器件插装，使用万用表、电烙铁等，完成元件检测与装配。

高级工：能设计简单装配工艺文件，掌握高频电路装接，如射频电缆处理，熟练使用示波器、频谱分析仪等检测设备，能分析并解决装接过程中的质量问题。

机械装配工

岗位职责：组装机械零部件、检查装配质量、操作装配设备、维护生产环境。

具体岗位：机械装配工通过精确的组装和技术技能确保产品能够达到设计标准和性能要求，包括汽车装配工、电子设备装配工、航空航天装配工、工业机械装配工、家电装配工、普通装配工、精密装配工、电气装配工等。

职业发展路径
初级机械装配工：掌握机械图纸识图能力，熟练使用基本装配工具，能独立完成简单机械设备的装配与调试。

高级机械装配工：精通自动化装配技术，能制定装配工艺标准，具备项目管理能力。

对应院校与专业参考
上海交通大学
机械工程专业
深圳职业技术学院
智能制造工程技术专业

高压电工

岗位职责：设备检修和维护、带电检修工作、开关设备检修、架构与设施检修、记录与安全管理。

具体岗位：高压电工通过高压电力系统的安装、维护和修理工作，能够确保电力传输的稳定性和安全性，包括变电运行值班员、变电检修工、输电线路工、继电保护工、工厂高压电工、电气设备维护工程师、风电高压电工等。

对应院校与专业参考
重庆大学
电气工程专业
山东电力高等专科学校
供用电技术专业

职业发展路径
初级工：掌握基础电气知识，能独立完成常规电气安装与简单维修，熟练操作高低压配电设备，能处理常见电气故障。

高级工：能独立完成复杂电气系统设计、调试与维护，掌握高压设备试验，能制订电气维护方案。

 **工程机械维修工**
岗位职责：设备检查与诊断、故障排除与修理、设备维护与保养、安全检测。

具体岗位：工程机械维修工通过维护和保养，确保生产顺利进行，包括现场维修工、车间维修工、售后服务工程师、土方机械维修工、道路机械维修工、起重机机械维修工、矿山机械维修工、农业机械维修工等。

 对应院校与专业参考

重庆工业职业技术学院
机电一体化专业

吉林大学
机械工程专业

职业发展路径
初级工程机械维修工：能进行简单的机械拆装，故障初步排查，独立完成常见故障诊断，熟练使用专业检测设备。

高级工程机械维修工：电控系统核心诊断技术，如PLC编程与调试、传感器智能诊断，能设计复杂维修方案。

 **机修钳工**
岗位职责：机械设备维护和修理、故障诊断和维修、各种钳工工具和机械设备管理。

具体岗位：机修钳工能够对机械设备进行维修和保养，确保设备正常运行，包括普通机修钳工、设备安装钳工、维修钳工、模具钳工、装配钳工、气动系统钳工、工程机械钳工、自动化设备钳工、航空钳工、冶金设备钳工等。

职业发展路径
初级机修钳工：独立完成机床、传动系统等设备的维修与调试，掌握液压、气动系统的基本维护，熟悉机械装配与故障诊断方法。

高级机修钳工：能处理复杂机械故障，如精密机床的维修，掌握设备振动分析、静平衡调整等高级技能。

 对应院校与专业参考

浙江工业大学
机械工程专业

邢台技师学院
机修钳工专业

 **测绘工程测量员**
岗位职责：熟悉施工图纸和测量规范、对施工过程中的关键部位和关键工序进行测量监控、整理和归档测量资料、测量仪器的日常维护和保养。

具体岗位：测绘工程测量员需要确保工程项目能够按照设计进行正确的定位和建造，包括建筑工程测量员、道路与桥梁测量员、矿山测量员、水利工程测量员、国土与规划测量员、海洋测绘员、外业测量员、内业数据处理员、工程监理测量员、无人机测量员等。

 对应院校与专业参考

西安科技大学
测绘工程专业

黄河水利职业技术学院
测绘工程技术专业

职业发展路径
初级测量员：能识读工程图纸，掌握基本测量术语，能操作水准仪、经纬仪等基础仪器，能进行简单的高程测量和放样工作。

高级测量员：能主导复杂项目，如桥梁隧道工程，精通变形监测、施工测量方案编制；熟悉国家测量规范，能指导初级人员进行作业。

金属热处理工

岗位职责：热处理操作、设备维护与保养、现场管理、安全操作、记录与检验。

具体岗位：金属热处理工通过工艺调控改善材料力学性能，以保障产品可靠性，包括热处理工艺师、热处理操作工、金相检验员、热处理设备维护技术员、件数监督员、研发技术员等。

职业发展路径
初级工：能执行简单的退火、正火、淬火、回火等热处理工艺，掌握箱式炉、井式炉等基础设备的操作，能使用洛氏硬度计进行硬度检测。

高级工：掌握渗碳、真空热处理等高难度工艺，能诊断裂纹、变形等缺陷并能解决，能对生产过程进行指导。

对应院校与专业参考
西北工业大学
材料科学与工程类专业

湖南有色金属职业技术学院
金属材料与热处理技术专业

无人机飞控师

岗位职责：规划作业、操作设备、执行任务、维护管理、数据分析。

具体岗位：无人机飞控师通过专业技能在农业、建筑等领域提升作业效率，降低恶劣环境下的人员伤亡风险，包括农业植保飞控师、电力巡检飞控师、航测工程师、工业巡检飞控师、无人机系统工程师、应急救灾飞控师、无人机培训讲师、军用无人机飞控师、表演编队飞控师、物流配送飞控师、边境巡逻飞控师等。

职业发展路径
视距内驾驶员：懂得基础飞行操作，如起降、悬停、航线飞行等，熟悉航空法规、气象学、空域管理。

超视距机长：具备复杂环境飞行能力，如夜间飞行、应急避障等，能制订培训课程，熟悉多机型的操控，如固定翼、多旋翼、垂直起降无人机等。

对应院校与专业参考
华南理工大学
低空技术与工程专业

山东技师学院
无人机操控和维护专业

 船舶轮机工

岗位职责：值班、清洁和保养及监控机械设备，具有基本的修理技能，能独立进行一般的检修工作。

具体岗位：船舶轮机工需要确保船舶能够安全、高效地航行，包括远洋船舶轮机工、近海船舶轮机工、港口维修技师、轮机部高级船员、轮机部普通船员、液化气船轮机员、油化船轮机员等。

对应院校与专业参考

大连海事大学
轮机工程专业

武汉光谷科技职业技术学校
轮机工程技术专业

职业发展路径

轮机工：懂得发动机、空压机、泵类的启停及日常巡检。对锅炉、泵浦、甲板机械进行管理，能处理机舱常见故障，如管道泄漏、电气短路等。

轮机长：对全船动力系统能进行统筹管理，能应对机舱重大事故，如主机失灵等。

 3D 打印技术员

岗位职责：设备操作与维护、故障排除、材料管理、管理生产与解决问题、分析技术。

具体岗位：3D 打印技术员减少生产和制作成本，促进资源循环利用，包括 3D 打印设备操作技术员、3D 打印设备维护维修技术员、3D 建模技术员、3D 打印工艺工程师、3D 打印后处理技术员、3D 打印生产管理员等。

职业发展路径

初级技术员：掌握基础 3D 打印设备操作，如 FDM，会简单 3D 建模，如 TinkerCAD，打印件后能处理，如打磨、抛光，能看懂机械图纸。

高级技术员：掌握复杂的结构设计与优化，精通工业级 3D 打印技术，具备一定的项目管理能力，对材料的研发和工艺进行改进。

 对应院校与专业参考

华中科技大学
材料科学与工程专业

深圳技师学院
3D 打印技术应用专业

 铁路信号工

岗位职责：设备维护和检修、分析与处理故障、提升技术业务和应急演练、注重安全和管理质量。

具体岗位：铁路信号工确保铁路运输安全，包括信号设备安装工、信号设备维修工、信号设备检修工、信号故障处理工、联锁系统信号工、轨道电路信号工、信号电缆工、车站信号工、区间信号工、车载信号工等。

对应院校与专业参考

大连交通大学
轨道交通信号与控制专业

衡阳铁路运输职业学校
铁道信号专业

职业发展路径

初级信号工：能测试车站与区间信号设备电气特性，如轨道电路、信号机等，能识别信号器材，完成简单检修，如更换熔断器等，能配合工务更换钢轨。

高级信号工：能测试机车信号设备，检修驼峰信号设备，能处理复杂故障，如联锁逻辑错误处理、列控系统异常等。

新能源车充电桩运维师

岗位职责：技术服务和支持、设备维护和故障处理、站点管理和设备交接、应急抢修和活动保障。

具体岗位：新能源车充电桩运维师通过保障充电桩正常运行，为新能源汽车提供可靠的能源补给，推动绿色出行，包括充电桩运维工程师、场站巡检技术员、设备调试专员、故障诊断工程师、能源管理系统操作员等。

对应院校与专业参考

吉林大学
电气工程及其自动化专业

武汉电力职业技术学院
智能电网技术专业

职业发展路径

初级阶段：学会安装充电桩，排查常见故障，如充电中断。

高级阶段：能优化充电网络布局，管理智能调度系统，能制订提升充电效率方案。

智能家居安装调试员

岗位职责：系统设计与开发、项目实施方案、技术支持与问题解决、调试与售后。

具体岗位：智能家居安装调试员负责智能家居系统的安装与调试，保障系统稳定运行，包括智能家居工程师、系统调试技术员、方案设计顾问、售后维护专员、产品培训师等。

职业发展路径

初级阶段：能安装智能门锁、灯光系统，能连接Wi-Fi和APP控制。

高级阶段：能设计全屋智能方案，调试语音助手联动设备。

对应院校与专业参考

合肥工业大学
物联网工程专业

深圳职业技术学院
智能控制技术专业

康复辅具设计师

岗位职责：辅助设计工作、文档管理和技术支持、问题解决和技术支持、项目管理和协调。

具体岗位：康复辅具设计师通过设计个性化康复辅具，帮助残障人士恢复功能，包括产品研发工程师、3D建模工程师、用户体验研究员、医疗认证专员、结构设计助理等。

对应院校与专业参考

四川大学
生物医学工程专业

长沙民政职业技术学院
康复工程技术专业

职业发展路径

初级阶段：了解轮椅、假肢的基本结构，能用3D建模软件简单设计。

高级阶段：能研究人体工学，能开发智能康复设备，如AI外骨骼，能适配不同患者需求。

第二章
研究型（I）职业

研究型职业从业者通常喜欢探索未知，注重理论分析和创新思考。这类人通常思维缜密、好奇心强，擅长逻辑推理和系统性研究，适合从事科学探索或技术研发类工作，如科研人员、数据分析师、生物技术专家等。

临床医生
岗位职责：疾病诊断和治疗、患者管理和沟通、病历记录、医疗质量管理。

具体岗位：临床医生通过专业的医疗技能帮助患者恢复健康，包括内科医生、外科医生、妇产科医生、儿科医生、急诊科医生、重症医学科医生、麻醉科医生、家庭医生、军医等。

职业发展路径
初级职称：需要考取执业助理医师证，熟练掌握体格检查技能，能初步分析辅助检查结果，如血常规。
高级职称：能制定临床指南，能主刀重大手术或实施复杂治疗方案，如器官移植。

对应院校与专业参考
首都医科大学
临床医学专业
贵州医科大学
临床医学专业

医学研究员
岗位职责：科研工作、指导研究生实验、产品研究和开发、信息收集与分析、学术交流、临床试验。

具体岗位：医学研究员通过系统性的研究和实验，探索医学领域的新知识和治疗方法，以提高人类健康水平和生活质量，包括基础医学研究员、临床医学研究员、流行病学研究员、转化医学研究员、医学实验室研究员、医学影像研究员、新药研发研究员等。

对应院校与专业参考
北京协和医学院
临床医学专业
天津医学高等专科学校
医学检验技术专业

职业发展路径
助理研究员：熟练掌握 Excel、SPSS 等基础统计工具，参与文献检索与综述撰写，参与基础实验操作。
研究员：独立承担省部级及以上高质量课题，能应用前沿技术，如 CAR-T 细胞治疗等，在核心期刊或 SCI 期刊上发表论文，如国家级期刊 2 篇以上的研究论文等。

大学教师（理工科）
岗位职责：教学职责、科研职责、学生指导职责。

具体岗位：大学教师（理工科）通过深入的研究和学术积累，讲授课程、指导研究生和本科生，包括助理教授、副教授、教授、讲席教授、研究员、副研究员、博士后研究员、系主任、研究中心主任等。

职业发展路径
初级职称：掌握基础教学技能，能独立承担本科课程，发表初步研究成果，如 SCI 论文，协助指导本科生毕业设计或实验课程。
高级职称：能培养博士研究生，指导青年教师，担任学术期刊编委、国际会议特邀报告等经历。

对应院校与专业参考
清华大学
物理学专业
北京大学
数学与应用数学专业

 **数据科学家**
岗位职责：数据收集与整理、数据分析与报告撰写、数据管理和维护。

具体岗位：数据科学家将复杂的数据分析结果以易于理解的方式呈现给非技术人员，包括通用数据科学家、机器学习工程师、数据分析师、数据工程师、研究科学家、金融分析师、数据架构师等。

职业发展路径

初级数据分析师：考 CDA 证书，懂得描述统计、概率论，懂得 Python、SQL，能处理数据缺失值、异常值，懂得转化 Tableau、Power BI、Matplotlib。

高级数据分析师：考 CDA Level II 证书，懂得回归分析、聚类分析、AB 测试、线性回归、决策树、随机森林、Hadoop。

 对应院校与专业参考

华东师范大学
数据科学与大数据技术专业

重庆电子科技职业学院
大数据工程技术专业

 **人工智能工程师**
岗位职责：研究和设计优化算法、数据分析和预处理、模型架构优化、应用落地。

具体岗位：人工智能工程师通过开发和维护 AI 技术，从而解决复杂的社会问题，包括大模型算法工程师、机器学习工程师、深度学习工程师、计算机视觉工程师、自动驾驶算法工程师、AI 医疗研发工程师、数据工程师、AI 训练师等。

 对应院校与专业参考

西安电子科技大学
数据科学与大数据技术专业

广州番禺职业技术学院
人工智能技术应用专业

职业发展路径

初级工程师：考取初级（中级）人工智能应用工程师证书，熟悉机器学习基础算法，如线性回归等，能参与数据清洗、模型训练等基础任务。

高级工程师：考取高级人工智能工程师证书，精通大模型训练与优化，如 GPT 等，具备解决问题能力。

 **化学工程师**
岗位职责：操作和处理天然气处理装置、维护和保养生产设备、操作天然气提氮装置、操作天然气液化装置。

具体岗位：化学工程师通过把原材料、半成品及成品进行质量检测与控制，包括石油炼制工程师、天然气处理工程师、生产工程师、制药工艺工程师、生物化工工程师、研发工程师、能源工程师、环境工程师等。

职业发展路径

初级工程师：掌握基础化学知识，熟悉实验室仪器操作，如分光光度计等，能够执行标准实验流程。

高级工程师：精通化工行业前沿技术，如新能源等，具备大型化工项目的规划与管理能力。

对应院校与专业参考

天津大学
能源化学工程专业

天门职业学院
化工生产技术专业

环境科学家

岗位职责：项目管理和环境评估、污染控制、设施管理和维护、数据分析。

具体岗位：环境科学家通过研究、制定保护环境的政策，确保自然资源得到有效管理，包括环境教育者、环境咨询与规划师、环境政策与法律专家、环境工程师、环境检测与分析师、污染控制修复工程师等。

职业发展路径

初级阶段：能进行环境监测、数据分析、基础环境影响评价报告、CAD 制图，如绘制污染治理设施示意图等。

高级阶段：在科研领域上有一定成就，如发表高水平论文、具备政策制定的能力等。

对应院校与专业参考

天津大学
环境科学专业

长沙环境保护职业技术学院
环境监测与控制技术专业

量子计算算法师

岗位职责：跟踪和研究、设计和实现、开发和优化、撰写和发表。

具体岗位：量子计算算法师通过研究开发量子计算算法，从而提升计算能力，推动科技前沿突破，包括量子算法研究员、量子机器学习研究员、量子优化算法工程师、量子计算软件工程师、量子信息处理研究员等。

对应院校与专业参考

中国科学技术大学
量子信息科学专业

北京电子科技职业学院
电子信息工程技术专业

职业发展路径

初级阶段：能理解叠加态等量子力学基本原理，能掌握 Qiskit 等主流量子编程框架，能 Bell 态制备等基础量子电路设计。

高级阶段：能指导生成式 AI 等前沿技术，能开设 AI 伦理课程。

生物信息分析师

岗位职责：数据分析与解读、问题总结与流程优化、设备管理与操作、常规微生物测试。

具体岗位：生物信息分析师通过深入分析基因组和蛋白质数据，帮助人们选择最适合的治疗方法，包括常规生物信息分析师、算法研发型生物信息分析师、微生物组学分析师、临床生物信息分析师等。

职业发展路径

初级生物信息分析师：了解基因组学、测序技术原理，能执行标准分析流程，如序列比对，能查阅中英文文献等。

高级生物信息分析师：能结合生物学、医学需求，设计解决方案，能指导团队工作，参与国际学术会议。

对应院校与专业参考

华中农业大学
生物信息学专业

吉林职业技术学院
生物信息技术专业

天文学家
岗位职责：能研究天体运动和演化规律、研究天文技术与方法、参与天文观测和研究项目、数据处理和分析、设备维护。

具体岗位：天文学家通过观测和研究天体现象，从而揭示宇宙的奥秘，包括天文学研究员、天文教育家、天文旅游解说员、天文数据分析师、天文仪器工程师等。

对应院校与专业参考
厦门大学
天文学专业
黔南民族师范学院
物理学（天文方向）专业

职业发展路径
副研究员：能独立承担科研项目，掌握国际学术交流与成果发表，如英文论文发表等，熟练使用专业软件进行数据建模，如 Python 等专业软件。

研究员：能主导重大科研项目，如空间探测等，可以提出突破性理论或技术解决方案，如暗物质探测，在国际顶级期刊发表论文，如《Nature》。

海洋生物学家
岗位职责：数据收集与观察、教育与展览、保护与管理、项目实施与管理。

具体岗位：海洋生物学家通过研究海洋生物及其生态系统，提高人们对海洋的保护和了解，包括海洋生物研究员、海洋生物养殖技术员、水产养殖专家、海洋资源开发工程师、渔业观察员等。

对应院校与专业参考
厦门大学
海洋生物技术专业
厦门海洋职业技术学院
水产养殖技术专业

职业发展路径
初级阶段：掌握基本的实验技术和野外调查方法，如水质检测，会数据处理软件和 GIS 工具。

高级阶段：能解决复杂海洋问题，能制定海洋保护政策，在学术会议中担任重要角色。

病理学家
岗位职责：病理诊断、选择治疗方案、尸检、质量控制。

具体岗位：病理学家通过组织或细胞样本进行检查和分析，确定疾病的性质与病因，包括解剖病理学家、临床病理学家、医学院教授、科研病理学家、医院病理科医师、法医病理学家等。

职业发展路径
病理学主治医师：需要执业医师资格证书，具备基础病理诊断能力，熟悉常规病理技术，根据病理诊断结果，及时、准确地出具病理诊断报告。

病理学主任医师：需要副高职称证书，精通复杂病理诊断，具备科研管理能力，学术引领与质量把控。

对应院校与专业参考
南方医科大学
病理学专业
四川城市职业学院
医学检验技术专业

第二章　研究型（一）职业

量子物理研究员

岗位职责：软件开发与仿真、通信系统建设与维护、嵌入式系统开发、项目管理和质量控制。

具体岗位：量子物理研究员通过量子力学原理进行信息处理，实现更高效的通信和计算，包括量子算法研究员、量子软硬件工程师、量子通信工程师、量子信息技术研究员等。

职业发展路径

助理研究员：掌握基础量子物理实验技能，如二维材料制备，具备科研论文撰写能力，熟悉实验室安全管理及设备维护。

研究员：引领量子物理领域前沿研究方向，如量子通信产业化等，能对团队进行管理。

对应院校与专业参考

中山大学
量子光学专业
安徽大学
量子信息科学专业

地质工程师

岗位职责：勘察与设计、方案审查与优化、数据分析与报告编制、现场问题解决。

具体岗位：地质工程师通过矿产资源的勘查和评估，为建设基础设施奠定基础和预防灾害，包括矿产勘探工程师、岩土工程师、环境地质工程师、地热工程师、水文地质工程师等。

职业发展路径

助理工程师：掌握地质学等基础理论，熟悉野外地质调查、采样、数据记录，掌握GIS等软件。

高级工程师：能主持大型地质勘查或重大灾害治理工程，精通数值模拟、AI地质建模。

对应院校与专业参考

吉林大学
地质工程专业
兰州资源环境职业技术学院
水文与工程地质专业

材料科学家

岗位职责：材料研发与优化、项目管理、专利申报。

具体岗位：材料科学家通过材料的研究、开发，从而优化机械的使用和减少环境的污染，包括材料研发科学家、材料工程师、材料测试与表征专家、计算材料科学家、高分子材料科学家等。

职业发展路径
初级职称：掌握材料科学基础理论，如材料结构等，熟练操作实验室常规设备，运用 Excel 进行数据处理。

高级职称：推动新材料产业化，如专利转化等，能指导博士生、培养青年科技人才。

对应院校与专业参考
天津大学
材料科学与工程专业
郑州城市职业学院
材料工程技术专业

流行病学专家

岗位职责：协调和指导防控工作、疫情监测和报告、流行病学调查、采样检测管理、应急响应和危机管理。

具体岗位：流行病学专家通过科学的方法和数据分析，为公共卫生决策提供科学依据，包括公共卫生流行病学家、传染病防控专家、慢性病流行病学家、医院感染控制专家、临床研究流行病学家、生物统计学家等。

职业发展路径
初级职称：通过国家公共卫生执业医师资格考试，掌握基础流行病学调查方法，如病例定义，熟悉公共卫生监测系统，懂得基本统计分析。

高级职称：需要交 5 份代表本人最高水平的专业报告，系统掌握某一细分领域，如环境流行病学等，团队管理与人才培养。

对应院校与专业参考
广东药科大学
流行病与卫生统计学专业
广东食品药品职业学院
公共卫生管理专业

核能技术研究员

岗位职责：核反应堆操作与监控、设备维护与检修、安全与风险管理、数据分析与优化。

具体岗位：核能技术研究员通过开发和优化核反应，推动能源转型和减少温室气体排放，包括核反应堆技术员、辐射防护技术员、核燃料循环技术员、核安全与监管技术员、核聚变研究技术员等。

职业发展路径
副研究员：精通核反应堆设计、核燃料循环技术，能独立解决复杂技术问题的能力。

研究员：能主导原创项目，发表高水平论文或专著。

对应院校与专业参考
西安交通大学
核科学与技术专业
沈阳工程学院
核工程与核技术专业

病毒学家

岗位职责：病毒学设计与优化、免疫细胞治疗研发、实验设计与数据分析、专利申请。

具体岗位：病毒学家通过研究病毒的结构和特性，开发出疫苗和药物，控制和预防病毒感染，包括病毒学研究员、病毒分析工程师、病毒疫苗及药物研发员、微生物检验与质量控制员等。

职业发展路径

初级职称：需要硕士及以上学历，懂得基础病毒学知识，如病毒结构，懂得实验室基本操作，如细胞培养。

高级职称：需博士学历，能带领团队进行病毒学研究，如新发传染病机制等，熟悉高通量测序、结构生物学，如冷冻电镜等。

对应院校与专业参考
武汉大学
生物学或基础医学专业
广东卫生职业技术学院
卫生检验与检疫技术专业

气象学家

岗位职责：数据收集与分析、天气预报制作、信息提供与服务、监视与更新。

具体岗位：气象学家通过研究和预测天气变化，以减轻恶劣天气产生的影响，包括天气预报员、气候模型研究员、农业气象学家、气象雷达工程师、航空气象工程师等。

对应院校与专业参考
成都信息工程大学
应用气象学专业
兰州资源环境职业技术大学
大气科学技术专业

职业发展路径

助理工程师：熟练使用Python进行气象数据处理与建模，具备机器学习应用能力，如台风路径预测等。

工程师：精通气象大数据分析与AI模型开发，如LSTM发电量预测，熟悉气象行业标准制定与技术规范。

教育心理学家

岗位职责：评估和干预、咨询和支持、危机干预、暴力预防。

具体岗位：教育心理学家通过心理学理论和方法，帮助有困难的儿童和青少年，包括学校心理学家、教育心理咨询师、教育心理学研究员、教育心理学讲师等。

职业发展路径

入门阶段：掌握心理评估工具，懂得基础咨询技巧、数据收集与基础分析。

高级阶段：能带领团队进行大规模心理干预项目，具备机构咨询能力，重构学校心理健康服务体系，会高级统计方法与科研能力。

对应院校与专业参考
华东师范大学
发展与教育心理学专业
安阳幼儿师范高等专科学校
心理学专业

基因编辑技术员

岗位职责：完成基因编辑实验任务、质量管理、细胞编辑与制备、实验室管理。

具体岗位：基因编辑技术员通过编辑或改良基因来治疗遗传性疾病，包括基因编辑工程师、基因编辑技术员、分子技术员、转基因技术员、细胞培养员等。

职业发展路径

初级技术员：掌握基因编辑工具的基础原理，如 CRISPR-Cas9 系统等，掌握细胞培养等常规实验技术，如 Sanger 测序结果解读等，掌握基础数据分析。

高级技术员：掌握新型基因编辑技术开发与优化，如碱基编辑等，能单细胞测序或多组学数据分析。

对应院校与专业参考

河北科技大学
生物科学专业

广州城市职业学院
生物技术专业

区块链技术研究员

岗位职责：技术架构建设与运维、解决方案落地实施、系统优化与维护、技术研究与跟进。

具体岗位：区块链技术研究员通过深入研究区块链领域的发展，从而提供科学依据，包括区块链研究员、区块链技术研究员、区块链架构师、区块链安全专家、区块链应用研究员等。

对应院校与专业参考

北京航空航天大学
网络空间安全专业

广东交通职业技术学院
区块链技术应用专业

职业发展路径

初级区块链技术研究员：熟悉主流公链架构，了解 Solidity 或 Go 语言，能使用开发工具，熟悉联盟链框架。

高级区块链技术研究员：能制订区块链技术路线图，熟悉全球区块链监管政策，能主导开源社区。

半导体芯片设计师

岗位职责：系统设计方案制订、模块划分与设计、编码与验证、调试和测试。

具体岗位：半导体芯片设计师通过芯片的设计，提高现代电子设备的性能，包括芯片架构工程师、数字 IC 设计工程师、芯片测试工程师、AI 芯片工程师、模拟 IC 设计工程师等。

职业发展路径

初级工程师：掌握 EDA 工具基础操作，完成简单电路的原理图绘制与仿真验证，局部模块设计与辅助验证。

高级工程师：复杂系统设计与架构创新，主导芯片从 Spec 定义到流片（Tape-out）的全流程，能带领团队攻克技术难题，甚至参与行业标准制定。

对应院校与专业参考

西安电子科技大学
电子科学与技术专业

泉州轻工业职业学院
集成电路技术专业

 **经济分析师**
岗位职责：项目评估与经济分析、成本估算与收益预测、风险评估与管理、项目管理与实施。

具体岗位： 经济分析师通过深入研究经济和数据，帮助决策者了解经济形势，包括产业经济分析师、技术经济分析师、数字经济分析师、金融分析师、经济政策研究员等。

 职业发展路径

初级经济师： 掌握经济学基础理论，熟悉数据收集与整理，如使用 Excel 等工具进行数据处理等，具备基本的市场分析能力。

高级经济师： 懂得政策分析与预测，熟悉大数据分析，如 Python 等编程工具，能带领研究团队开展工作。

对应院校与专业参考

对外经济贸易大学
金融学专业

泉州轻工业职业学院
大数据与财务管理专业

 **脑科学研究员**
岗位职责：模型与算法研究、数据分析与建模、科研项目管理、合作与交流。

具体岗位： 脑科学研究员通过数据分析研究，理解神经系统的结构、功能、发育、可塑性及疾病机制，推动诊断与治疗创新，包括脑成像研究员、脑科学算法研究员、脑疾病模型研发工程师、类脑智能研究员等。

 职业发展路径

初级阶段： 掌握电生理记录、分子生物学技术、动物行为学实验，熟练使用 Python 进行神经影像处理及机器学习建模。

高级阶段： 能制订科研方向，能指导博士、博士后，能将基础研究成果应用于医疗等领域。

对应院校与专业参考

浙江大学
脑科学专业

温州医科大学
生物医学工程专业

 **数学建模师**
岗位职责：数据分析与建模、模型构建与优化、结果分析与验证、跨部门合作。

具体岗位： 数学建模师通过数学语言将现实问题抽象为可计算模型，包括金融建模师、教育建模师、科研建模研究员、企业数据建模师、工业与工程建模师等。

 职业发展路径

初级建模师： 掌握数学核心理论与算法，掌握运筹学、微分方程、概率统计、模糊数学、动态规划等基础算法，能操作建模软件。

高级建模师： 能独立完成复杂建模任务，如工业产品参数化设计等，掌握曲面造型、装配建模、工程图生成。

对应院校与专业参考

浙江大学
信息与计算科学专业

许昌学院
数学与应用数学专业

食品科学专家

岗位职责：新产品开发与研究、实验与数据分析、技术支持与生产协助、项目管理和实施。

具体岗位：食品科学专家通过对食品的成分分析，以保障食品安全，提高食品质量，包括食品研发工程师、食品添加剂研发工程师、食品检测工程师、食品安全监管专员、生产工艺工程师等。

对应院校与专业参考
江南大学
食品科学与工程专业

河南工业贸易职业学院
粮食工程技术与管理专业

职业发展路径
初级阶段：掌握食品科学基础知识，如食品化学等，掌握基础研发与实验操作，如食品成分分析仪器等。

高级阶段：精通食品科学某一细分领域，如食品营养等，能指导企业技术人员进行研发工作。

航空航天工程师

岗位职责：设计和研发、系统测试和验证、故障诊断和修复、安全性评估、项目管理。

具体岗位：航空航天工程师设计、开发和维护飞行器，包括航空工程师、航天工程师、飞行测试工程师、航空电子工程师、制造与工艺工程师等。

职业发展路径
初级工程师：掌握基础的数学、物理、工程力学等，熟悉计算机辅助设计和仿真软件，懂得基本工程制图、计算分析、设计。

高级工程师：能统筹飞机、火箭或卫星的系统规划，能解决复杂工程问题，如航天器热防护等，能指导团队完成项目。

对应院校与专业参考

沈阳航空航天大学
飞行器制造工程专业

贵州航空工业技师学院
航空工程技术专业

细胞培养工程师

岗位职责：细胞培养、传代与冻存、优化培养条件、检测细胞质量、维护设备与无菌环境。

具体岗位：细胞培养工程师负责生物医药、疫苗等领域细胞培养、优化及规模化生产，直接影响生物制品的质量与产量。包括研发工程师、工艺开发工程师、质量控制工程师等具体职位等。

职业发展路径
初级工程师：掌握细胞培养基础技术，能独立完成常见细胞系的传代与保种。

高级工程师：主导细胞工艺开发，精通生物反应器、灌流培养等先进技术。

对应院校与专业参考

华东理工大学
生物工程专业

深圳职业技术学院
生物技术专业

能源系统优化师

岗位职责：架构设计、容量规划、性能优化、成本控制、工程实施。

具体岗位：能源系统优化师通过对能源各个环节的分析，识别可改进环节，进而优化能源利用，包括工业能源优化工程师、建筑节能减排咨询师、能碳优化业务运营经理、能源管理师、新能源系统优化工程师等。

职业发展路径

初级能源优化师：熟练使用 Excel 进行数据处理，如能耗统计，了解能源管理系统的基本框架。

高级能源优化师：精通能源系统仿真，如 HOMER，熟悉碳交易等市场化节能机制，能与多部门协作优化能源使用。

对应院校与专业参考

西安交通大学
储能科学与工程专业

广安职业技术学院
光伏工程技术专业

工业化学分析师

岗位职责：研发方案设计、试验优化、技术资料整理、成本控制、性能验证研发项目管理。

具体岗位：工业化学分析师通过对材料的分析，从而保证产品质量的稳定，包括化工分析师、工艺管道设计师、化工研发工程师、研发技术员、技术支持工程师等。

职业发展路径

初级阶段：能够熟练操作基础仪器，如光谱仪，能数据处理，熟悉无机化学、分析化学等学科知识，能进行样本采集与预处理。

高级阶段：能主导大型项目，能制订团队目标，协调资源分配。

对应院校与专业参考

浙江大学
化学工程与工艺专业

山东化工职业学校
工业分析与检验专业

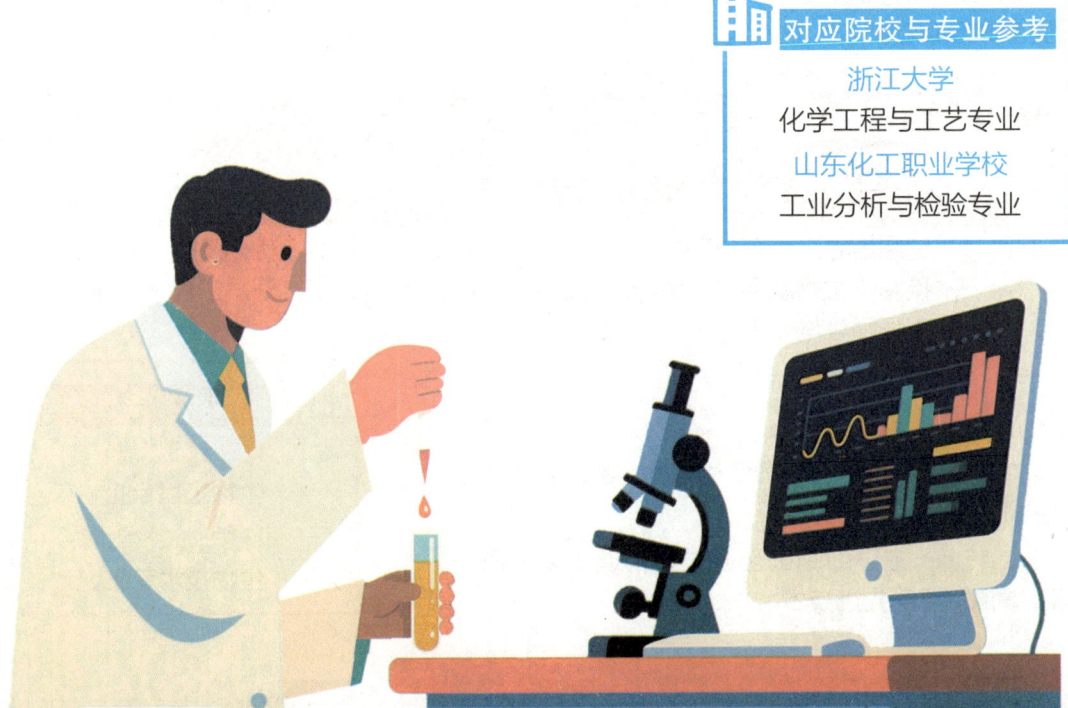

纳米技术研究员
岗位职责：技术研发和优化、设备管理和维护、测试和反馈、平台管理和制度建设。

具体岗位： 纳米技术研究员研究和开发各种纳米材料，推动制造业升级，包括微纳米加工平台工程师、制剂工程师、纳米界面研究员、生物电高级算法工程师、纳米佐剂研发工程师等。

职业发展路径

初级阶段：掌握纳米材料合成方法，如溶胶－凝胶法，懂得表征技术，如X射线衍射，懂得数据采集与分析，运用Python进行基础的数据采集脚本编写，懂得数据处理。

高级技术员：精通后量子密码、同态加密等新兴领域，能主导纳米光电器件集成、半导体显示芯片研发等关键技术攻关。

对应院校与专业参考
南京理工大学
纳米材料与技术专业
兰州石化职业技术大学
材料工程技术专业

考古学家
岗位职责：发掘工作、遗迹处理、考古调查、考古勘探、发掘资料整理。

具体岗位： 考古学家通过挖掘和分析古迹、遗址以及出土的文物，揭示人类的历史和文化，包括田野考古学家、项目考古学家、学术考古学家、博物馆考古学家、文化遗产保护专家等。

对应院校与专业参考
河南大学
科技考古专业
莱芜职业技术学院
文物修护与保护专业

职业发展路径

初级职称：熟悉考古调查、发掘的基本流程，能进行简单的遗物记录和绘图。了解文物保护的基本知识。

高级职称：具备跨学科研究能力，如结合历史学等进行综合研究，能参与国际合作项目。

密码学专家
岗位职责：提供密码安全解决方案、项目实施支持、风险识别与评估、合规咨询与解读、沟通协调。

具体岗位： 密码学专家能够研究和开发密码技术，以确保数字服务安全，包括密码产品研发工程师、密码技术应用员、密码技术研究员、密码安全顾问等。

职业发展路径

初级阶段：掌握基本密码理论，如对称加密、信息系统安全方案实施流程，熟悉密码检测工具和基础编程语言，如Python。

高级阶段：精通后量子密码等前沿领域，能主导密码标准制定、安全架构设计。

对应院校与专业参考
南开大学
密码科学与技术专业
黑龙江商业职业学院
密码技术应用专业

微生物学家
岗位职责：提供病原学依据、监测细菌耐药性、预防和控制医院感染、抗生素合理使用指导。

具体岗位：微生物学家通过研究微生物的生命活动规律，为医学、工业等领域提供科学依据和技术支持，包括生物技术企业研发工程师、临床微生物学家、医疗诊断与检测工程师、环保微生物工程师、农业微生物技术员等。

职业发展路径

初级职称：掌握基础微生物学实验技能，如无菌操作，能独立完成常规实验并撰写报告。

高级职称：能主持科研项目，前沿技术应用与创新，如基因编辑，能跨学科合作，如与工业界合作。

对应院校与专业参考
江南大学
微生物发酵工程专业
江苏农林职业技术学院
食用菌生产与加工专业

智库研究员
岗位职责：政策研究分析、数据建模与预测、撰写研究报告、专家咨询与建议、公共政策评估、国际关系分析。

具体岗位：智库研究员通过细分领域的深耕，为政策制定与战略规划提供专业支撑。包括经济政策研究员、国际关系研究员、科技创新政策研究员、社会民生研究员等。

对应院校与专业参考
北京大学
国际政治专业
复旦大学
政治学与行政学专业

职业发展路径

初级研究员：掌握Stata/R，能完成政策效果评估，熟悉国内外政策数据库（如WorldBank、OECD）。

高级研究员：能主导跨领域政策研究项目，精通计量经济学与地缘政治分析，具备智库管理经验。

社会调查统计师
岗位职责：市场研究与分析、问题诊断、策略规划、项目管理、沟通协调、培训与发展。

具体岗位：社会调查统计师通过收集、整理和分析数据，提供决策支持，包括助理统计师、高级统计师、统计咨询顾问、政府统计专员、市场调查分析师等。

职业发展路径

初级社会调查统计师：掌握问卷调查等基础技能，能使用Excel等工具进行描述性统计，了解《中华人民共和国统计法》及相关法规政策。

高级社会调查统计师：具备深度研究社会经济问题的能力，能领导统计团队，能结合大数据技术和AI技术，提升调查效率和质量。

对应院校与专业参考
浙江工商大学
统计学专业
黄河水利职业技术学院
大数据与会计专业

科学教师（中小学）

岗位职责：研究教育思想、教育规律和教育科学实验方法，收集、整理、分析和研究教育信息、指导教学实践。

具体岗位：科学教师（中小学）通过多维度教学与教育实践培养学生科学素养，包括双语学科教师、实验教学教师、科学研究员、科学教育研究员、科学实验室管理员等。

职业发展路径

初级教师：本科及以上学历，持有教师资格证，热爱教育事业，具备良好的沟通能力和团队协作精神。

高级教师：教学经验丰富，在市级以上教学竞赛或科研成果评选中获奖，能跨学科整合。

对应院校与专业参考

南京师范大学
科学教育专业
咸宁职业技术学院
小学科学教育专业

医疗影像算法工程师

岗位职责：图像处理、算法开发、算法优化与实现、产品开发与维护、跨平台移植与模型训练、文档编写与专利申请。

具体岗位：医疗影像算法工程师通过数据的处理和分析，提高诊断准确性，包括医学影像算法研发工程师、医疗AI诊断系统开发工程师、核医学图像算法工程师、医疗影像数据科学家、医疗影像算法研究员等。

对应院校与专业参考

天津大学
智能医学工程专业
昆明市卫生学校
医学影像技术专业

职业发展路径

初级医疗影像算法工程师：懂得医学影像基础知识，如DICOM协议，具备基础的AI模型训练与优化能力。

高级医疗影像算法工程师：精通大模型应用，如医学LLM，熟悉医疗数据治理与高质量数据集构建。

肿瘤学专家

岗位职责：诊断病情、制订治疗方案、执行治疗计划、监测病情、营养辅导。

具体岗位：肿瘤学专家开展肿瘤诊疗和科研工作，提高治疗效果和患者的生存率，包括肿瘤内科医生、肿瘤外科医生、肿瘤放疗科医生、肿瘤病理科医生、肿瘤影像诊断专家等。

职业发展路径

初级肿瘤学专家：掌握肿瘤活检、化疗、放疗等基本诊疗技术，能独立处理常见肿瘤病例，如肺癌。

高级肿瘤学专家：能制订肿瘤学科发展方向，掌握最新技术，如AI辅助诊断，熟悉国内外肿瘤治疗规范，如美国国家综合癌症网络（NCCN）指南。

对应院校与专业参考

上海交通大学医学院
临床医学专业
广州卫生职业技术学院
医学检验技术专业

光学工程师

岗位职责：技术情报调查与开发、技术资料制作与审核、项目管理与协调、问题分析与解决。

具体岗位：光学工程师将抽象的光学概念转化为实际应用产品，包括成像光学工程师、照明光学工程师、光通信与半导体光学工程师、激光与精密光学工程师、光学测试与工艺工程师等。

职业发展路径

初级光学工程师：能独立完成简单光学系统的设计和优化，熟练使用光学仿真软件，掌握机械设计软件，熟悉光学测试设备的使用。

高级光学工程师：能评估光学技术趋势，能主导公司光学专利的申请与保护，熟悉国际光学标准，负责重大光学工程项目的全流程管理。

对应院校与专业参考

长春理工大学
光电信息科学与工程专业

广州市财经商贸职业学校
眼视光技术专业

农业科学顾问

岗位职责：种植项目规划与实施、植物健康管理、设施环境监测、市场与宣传支持、客户服务与培训。

具体岗位：农业科学顾问通过提供技术支持和培训，从而增加农业生产效率，包括农业技术顾问、农业科学家、精准农业专家、农业 AI 技术顾问，农业科技咨询顾问等。

对应院校与专业参考

南京农业大学
农学专业

山东农业工程学院
农业资源与环境专业

职业发展路径

初级农业科学顾问：能独立完成基础农业技术操作，如播种，熟悉农业数据收集与分析工具，如农业物联网设备。

高级农业科学顾问：有明确的农业发展路线，熟悉国内外农业法规，如农药使用标准，能评估农业技术市场价值。

科学期刊编辑

岗位职责：稿件处理、期刊服务、媒体运营、编务工作、内容策划与组织。

具体岗位：科学期刊编辑凭借专业分工协作，对作者创作进行修整，以确保期刊内容的质量和价值，包括学术编辑、执行编辑、技术编辑、语言编辑、出版编辑等。

职业发展路径

初级科学期刊编辑：能快速判断稿件的学术质量，识别明显的研究缺陷，能优化论文的逻辑性和可读性，能使用 Word、EndNote、LaTeX 等排版工具。

高级科学期刊编辑：制订期刊长期发展目标，如拓展新兴学科领域，能与 Springer Nature 出版集团洽谈合作，熟悉版权法。

对应院校与专业参考

中国传媒大学
编辑出版学专业

上海出版印刷高等专科学校
出版与数字媒体技术专业

实验物理学家

岗位职责：设计实验方案、搭建探测设备、采集与分析数据、验证理论模型、发表研究成果。

具体岗位：实验物理学家是通过设计、操作实验，收集和分析数据，验证理论假设或发现新的物理现象，同时推动实验技术的创新。其中高能物理实验学家、量子光学实验学家、凝聚态物理实验学家是具有代表性的类别。

职业发展路径

初级阶段：掌握基础实验技能，如真空系统操作、电子线路搭建、数据采集与分析等。能够独立完成常规物理实验，如光谱测量、材料表征等。

高级阶段：具备领导大型实验项目的能力，如高能物理探测器建设、量子计算平台搭建等。精通前沿实验技术，能够指导团队开展跨学科实验研究。

对应院校与专业参考

中国科学技术大学
物理学专业

浙江大学
量子信息科学专业

工业自动化架构师

岗位职责：需求分析和方案设计、产品研发和实施、技术探索和设计、系统分析和业务建模、技术难题解决、平台建设和维护。

具体岗位：工业自动化架构师通过设计合理的自动化架构，从而优化生产流程，包括工业控制与自动化架构师、工业互联网架构师、工业控制软件系统架构师、嵌入式技术架构师、智能自动化算法与架构师等。

职业发展路径

初级工程师：掌握自动化设备编程，如嵌入式系统，熟悉工业通信协议，如 Modbus，了解基本的数据库操作。

高级工程师：精通工业 4.0 技术栈，如数字孪生，掌握高性能计算，如实时数据处理，熟悉安全架构，如工业防火墙。

对应院校与专业参考

青岛科技大学
工业过程自动化技术专业

辽宁机电职业技术学院
工业过程自动化技术专业

卫星遥感工程师

岗位职责：算法研发与优化、深度学习与算法实现、数据处理与分析、系统开发与维护、项目支持与团队协作。

具体岗位：卫星遥感工程师利用卫星遥感技术对地球观测和数据收集，包括遥感数据处理与分析工程师、遥感算法开发工程师、行业应用遥感工程师、无人机与航空遥感工程师、遥感产品与 GIS 开发工程师等。

职业发展路径

助理工程师：掌握遥感数据处理基础，如 ENVI，熟悉卫星遥感数据获取与预处理，如辐射校正，会基础编程。

研究员级高级工程师：能主持国家级遥感项目，在某一细分领域有权威性成果。

对应院校与专业参考

长安大学
遥感技术专业

云南城市建设职业学院
摄影测量与遥感技术专业

生态保护规划师

岗位职责：政策跟踪与解读、专题研究与报告、团队协作、其他相关职责。

具体岗位：生态保护规划师通过科学规划与管理，维护生态平衡，包括生态环境规划师、自然保护区规划师、生态修复工程师、景观生态规划师、生物多样性保护规划师等。

职业发展路径

初级生态保护规划师：熟悉生态环境监测与分析技术，如生物多样性监测，掌握基础 CAD 等规划软件操作，了解生态修复基本方法，如湿地修复。

高级生态保护规划师：精通生态安全格局构建等高级规划方法，掌握数字孪生、AI 辅助规划等前沿技术，熟悉国际生态保护标准与协作。

 对应院校与专业参考

东北林业大学
环境科学专业

云南林业职业技术学院
林业技术专业

精密仪器研发师

岗位职责：开发测试方法和标准、参与产品原型制造和测试、负责光学成像系统技术调研、完成成像光学系统方案设计。

具体岗位：精密仪器研发师创新研发各类精密仪器，推动科技进步与产业发展，包括光学仪器研发工程师、医疗仪器研发工程师、分析仪器研发工程师、半导体设备研发工程师、测量仪器研发工程师等。

 对应院校与专业参考

哈尔滨工业大学
精密仪器专业

深圳职业技术学院
智能仪器仪表技术专业

职业发展路径

初级阶段：掌握使用仪器设计软件、基础仿真分析，独立完成模块设计。

高级阶段：能开发可复用组件，如传感器校准系统，能进行专利撰写，对供应链进行管理，熟悉行业标准制订。

职业培训师（技术领域）

岗位职责：制订培训计划、组织培训活动、撰写培训材料、开展培训评估。

具体岗位：职业培训师（技术领域）为技术领域培养专业人才，提升劳动力素质，推动行业技术创新，包括工业技术培训师、智能制造培训师、信息技术培训师、新能源技术培训师、建筑技术培训师、汽车维修培训师等。

 对应院校与专业参考

北京师范大学
心理学专业

石家庄城市经济职业学院
人力资源管理专业

职业发展路径

初级阶段：能制作 PPT，熟悉并使用课堂互动技巧。

高级阶段：培训需求诊断与方案定制，具有领导力教练技术，如 GROW 模型。

 **系统分析员**
岗位职责：维护管理数据、解决系统问题、推进项目、日常维护和处理故障。

具体岗位：系统分析员从事系统设计与管理工作，提升企业运营效率，包括 ERP 系统分析员、IT 系统分析员、软件系统分析员、会计系统分析员、电脑系统分析员等。

对应院校与专业参考
北京大学
计算机科学与技术专业
南京信息职业技术学院
计算机信息管理专业

职业发展路径
初级阶段：熟悉 UML 建模，懂得 SQL 查询与数据处理、Axure 原型设计。
高级阶段：能建立企业级架构，如 TOGAF，能够设计、搭建和部署微服务架构，架构决策与战略规划。

 **医学实验室技师**
岗位职责：标本的采集和处理、仪器的操作和维护、检验结果的审核、检验质量控制。

具体岗位：医学实验室技师精准检测分析样本，为医疗诊断和治疗提供关键数据支持，包括临床检验技师、病理学技师、微生物检验技师、免疫学检验技师、血液学检验技师等。

职业发展路径
初级阶段：能独立完成常规检测，对仪器进行维护与基础故障处理，对质量进行控制，如 LIS 系统。
高级阶段：熟悉实验室自动化，如机器人分析系统的原理与操作，能进行生物信息学分析，综合管理与技术创新。

对应院校与专业参考
南方医科大学
医学实验技术专业
山东协和学院
医学实验技术专业

药理学家

岗位职责：研究与评价、数据管理与分析、项目管理、沟通协调。

具体岗位：药理学家通过研发药物、阐释药物作用机制，为疾病治疗提供科学依据，包括药理毒理研究员、临床药理科学家、药理学研发总监、高级临床药理研究员、药物代谢研究员等。

职业发展路径
初级阶段：能进行动物实验，掌握 HPLC/MS 操作。

高级阶段：熟悉 FDA/EMA 申报策略、真实世界研究（RWS）设计与实施。

对应院校与专业参考
中国药科大学
药学专业
天津医学高等专科学校
药学专业

科学政策顾问

岗位职责：政策与标准研究、行业趋势分析、数据研究、报告编写。

具体岗位：科学政策顾问提供科学决策专业建议，推动科学事业与社会协同发展，包括科技政策研究员、科技创新战略顾问、科技决策咨询专家、科研政策分析师、科技立法顾问等。

对应院校与专业参考
中国科学技术大学
科技政策与管理专业
上海行健职业学院
社会工作专业

职业发展路径
初级阶段：掌握基础科学原理和研究方法，能撰写政策简报，能参与研究项目。

高级阶段：能制订科学可行的政策路线图，能提供科学政策支持，能管理政策并带领政策团队。

人工智能伦理研究员

岗位职责：研究和制定伦理政策、保护系统安全、风险评估、法律咨询。

具体岗位：人工智能伦理研究员研究人工智能的伦理问题，确保发展符合社会伦理标准，包括 AI 伦理治理研究员、人工智能伦理与安全专家、AI 伦理政策研究员、算法伦理审查员、AI 公平性与透明度研究员等。

职业发展路径
初级阶段：熟悉伦理学基本框架，了解 AI 基础技术，能分析潜在伦理风险，如算法偏见，能识别数据标注、模型训练中的偏见来源。

高级阶段：能设计 AI 伦理治理体系，如大模型安全评估框架，能指导生成式 AI 等前沿技术。

对应院校与专业参考
香港大学
伦理和社会学专业
深圳职业技术学院
计算机应用技术专业

第三章
艺术型（A）职业

艺术型职业从业者通常追求创意表达，注重审美和情感共鸣。这类人通常思维开放、想象力丰富，擅长通过艺术形式传递理念，适合从事需要创造力和表现力的工作，如设计师、音乐人、导演、插画师等。

书籍／广告插画创作（含数字绘画方向）

岗位职责：需求沟通与创意构思、绘画技巧运用与创作、作品交付与后期服务。

具体岗位：插画师凭借多元能力将创意转化为视觉作品，不仅需要具备出色的绘画技能，还需要具备良好的沟通能力、理解能力以及创意能力。包括电子插画师、手绘插画师、书籍插画师、广告插画师等。

职业发展路径
初级阶段：技能积累期，掌握素描、色彩、构图等基础绘画能力。

高级阶段：主导大型项目，跨领域合作（如影视分镜、游戏美术），输出行业方法论（教材编写与出版、开设课程或工作坊）。

对应院校与专业参考
上海工艺美术职业学院
动漫设计专业
浙江理工大学
美术学专业

影视特效师

岗位职责：特效创意设计、特效制作、特效合成、技术支持与问题解决。

具体岗位：影视特效师根据项目需求设计并制作逼真的视觉特效，使用专业软件进行建模、渲染、动画制作等工作；负责特效的合成，调整光照、颜色等，以达到预期的艺术效果。主要包括 AE 特效师、影视特效师、动画特效师、实时特效师等。

对应院校与专业参考
北京经贸职业学院
影视动画（影视特效）专业
长春光华学院
影视摄影与制作（电影特效方向）专业

职业发展路径
初级阶段：熟悉广告文案撰写、分镜脚本制作，在团队中辅助完成视觉设计、H5 流程、短视频分镜等基础创意落地。

高级阶段：制订视觉规范体系，统筹线上线下全渠道创意输出，培养创意人才梯队，建立团队协作方法论。

音乐制作人

岗位职责：确立整体风格与方向、参与作曲、编曲、填词等创作、录音工程与后期制作监督、团队协作与资源协调。

具体岗位：音乐制作人要创作音乐作品，编曲并调整音色节奏；组织录音，协调演奏者，混音以获得最佳品质；控制录音排程，调度资源，确保制作顺利。须具备良好乐感、作曲编曲能力、熟悉乐器及市场导向。主要包括作曲家与编曲家、录音工程师、混音工程师等。

职业发展路径
初级阶段：学习音乐基础知识，同时掌握音频工程技术和音乐创作理论。

高级阶段：参与重要音乐项目，具备行业资源整合与生态构建能力、行业影响力塑造与引领。

对应院校与专业参考
中国传媒大学
录音艺术专业
天津艺术职业学院
录音技术与艺术专业

平面设计师

岗位职责：品牌传播物料规划、品牌视觉与印刷品设计、设计作品制作与输出。

具体岗位：平面设计师负责公司日常宣传资料的设计、制作与创新，参与公司品牌VI与相关视觉体系的规范建设。包括品牌视觉设计、品牌视觉体系构建、企业宣传资料设计、广告平面设计等。

职业发展路径

初级阶段：助理设计师，需要学习软件操作技能，了解设计流程，包括从客户需求分析、创意构思、草图绘制到最终设计成品的各个环节。

高级阶段：资深设计师、设计主管，能够为复杂的项目提供专业的设计，品牌视觉体系深度构建，团队管理与创新引领。

对应院校与专业参考

中央美术学院
平面设计专业
上海出版印刷高等专科学校
平面设计专业

服装设计师

岗位职责：设计调研与创意构思、款式与色彩设计、面料开发与选择。

具体岗位：服装设计师主要进行市场调研，分析流行元素，绘制设计草图，并与团队合作完成样品制作。此外，设计师还需选择合适的面料，进行面料开发，以确保设计的实用性和美观性。包括时装设计师、戏服设计师、面料研发工程师、图案设计师和色彩顾问等。

对应院校与专业参考

北京服装学院
服装与服饰设计专业
苏州工艺美术职业技术学院
服装与服饰设计专业

职业发展路径

初级设计师：基本设计技能，如手绘、电脑绘图、面料知识、色彩搭配等，完成简单设计任务。

高级设计师：丰富的设计经验和深厚的设计功底，领导团队完成复杂设计项目。

摄影师

岗位职责：与客户沟通创意需求、策划拍摄方案、搭建拍摄场景、使用专业设备进行拍摄、后期图片处理和编辑。

具体岗位：摄影师在商业摄影与艺术摄影创作领域中扮演着关键角色。主要包括广告摄影师、产品摄影师、肖像摄影师等。

对应院校与专业参考

浙江传媒学院
摄影专业
天津工艺美术职业学院
摄影与摄像艺术专业

职业发展路径

初级阶段：学习和掌握摄影的基本技术和理论知识。

高级阶段：涉足更多的高端商业项目，开设个人工作室或摄影机构，并且有机会出版画册或举办个展。

动画师

岗位职责：前期创意与设计规划、2D 动画角色与场景制作、3D 动画角色与场景制作。

具体岗位：动画师（2D/3D 动画角色与场景设计）负责创建动画角色和场景，使故事生动呈现。主要岗位职责包括角色与场景设计制作、项目协作与管理、动画制作与表演等。

职业发展路径

初级动画师：主要负责基础的建模工作，学习 3D 建模软件操作，了解动画行业的建模标准和工作流程。

高级动画师：能够独立承担高难度的建模任务，并在项目中发挥领导作用，指导初级和中级动画师提升技能。

 对应院校与专业参考

北京电影学院
动画专业

深圳职业技术大学
动漫设计专业

广告创意总监

岗位职责：广告策划与策略制订、团队管理与协作、视觉传达与创意把控、客户沟通与方案提案。

具体岗位：广告创意总监把控项目整体创意方向，制订广告创意标准并审核创意，带领团队完成各类设计项目，协调文案、美术、视频等不同岗位的团队成员，维护客户关系，具备高超的独立沟通技巧和提案能力。

 对应院校与专业参考

中国传媒大学
广告学专业

上海工艺美术职业学院
广告设计与制作专业

职业发展路径

初级阶段：熟悉广告文案撰写、分镜脚本制作，在团队中辅助完成视觉设计、H5 流程、短视频分镜等基础创意落地。

高级阶段：制订视觉规范体系，统筹线上线下全渠道创意输出，培养创意人才梯队，建立团队协作方法论。

舞台美术师

岗位职责：前期沟通与方案解读、舞台布景制作、舞台布景搭建与调试。

具体岗位：舞台美术师根据剧本和导演要求，进行舞台美术的整体布局和风格定位，设计并制作布景、灯光、服装、道具等，确保舞台效果的完美呈现。具体岗位包括舞台布景设计、灯光设计、音响设计、服装设计、道具设计等。

职业发展路径

初级阶段：协助主设计师完成场景搭建、道具制作、灯光调试等基础工作，参与中小型演出项目。

高级阶段：主导大型演出（如百老汇音乐剧、明星演唱会）的整体视觉设计，统筹灯光、布景、道具等模块。

 对应院校与专业参考

中央戏剧学院
戏剧影视美术设计专业

上海工艺美术职业学院
舞台艺术设计与制作专业

雕塑家
岗位职责： 材料研究与选择、设计构思与方案制订、雕刻创作与细节塑造、装置艺术创作等特殊职责。

具体岗位： 雕塑家从事雕塑创作，通过雕塑作品呈现艺术构思，主要包括雕塑师、雕塑设计师、艺术指导等。

职业发展路径
初级阶段： 担任助理雕塑师或实习岗位，参与小型项目，积累基础作品集。

高级阶段： 成为专业雕塑师，承接大型公共雕塑、城市景观项目或博物馆定制作品，形成独特的艺术风格。

对应院校与专业参考
中央美术学院
雕塑专业
南京艺术学院
工艺美术专业

游戏原画师
岗位职责： 项目需求分析与创意构思、角色概念设计、场景概念设计、设计方案优化与交付。

具体岗位： 游戏原画师根据游戏文案和策划要求，设计整款游戏的美术方案；对游戏角色、道具、场景等进行风格统一的造型设计；绘制专业的美术设计稿；与策划、程序等部门沟通协作，确保设计符合项目需求。包括角色相关设计岗，场景相关设计岗，跨部门协作岗等。

对应院校与专业参考
中国传媒大学
数字媒体艺术专业
北京电影学院
影视动画设计专业

职业发展路径
初级原画师： 主要负责执行具体设计任务，如根据策划文档绘制角色、场景、道具的初步概念图和三视图，协助 3D 建模师完成基础原型设计。

资深原画设计师： 主导复杂设计，把控项目美术风格统一性，参与前期视觉风格制订。

建筑设计师
岗位职责： 前期需求调研与分析、定制化设计方案、设计图纸和模型设计图纸和模型的深化与协作。

具体岗位： 建筑设计师专注于建筑外观与空间美学设计，具体岗位包括建筑设计师（总体规划）、建筑设计师（施工图设计）、建筑设计师（设计管理）、建筑设计师（技术支持）、建筑设计师（文物保护）等。

职业发展路径
初级建筑设计师： 主要承担辅助性设计任务，在资深设计师指导下参与项目。

资深建筑设计师： 设计总监主导大型复杂项目（如地标建筑、城市综合体），协调结构、机电等多专业团队，把控设计方案的创新性与可行性。

对应院校与专业参考
同济大学
建筑学专业
上海城建职业学院
建筑设计专业

陶艺师

岗位职责：陶瓷艺术创作、工艺传承与创新、根据市场需求和个人风格，设计独特的陶瓷艺术品。

具体岗位：陶艺师负责创作和制作陶瓷艺术品，包括设计构思、成型工艺、装饰技法、烧制环节，主要岗位包括陶艺制作岗、陶艺销售岗、陶艺教学岗等。

职业发展路径
初级阶段：需要积累丰富的实践经验，熟悉各种制作方法和技巧。

高级阶段：开始独立创作，发挥自己的创意和想象力，创作出具有个人风格和特色的作品。

对应院校与专业参考
景德镇陶瓷大学
陶瓷艺术设计专业

景德镇艺术职业大学
陶瓷艺术设计专业

舞蹈编导

岗位职责：负责现代舞或民族舞的创作、编排与教学。

具体岗位：舞蹈编导根据演出主题创作舞蹈作品，筛选音乐，编写脚本；指导舞者表演技巧，组织排练，确保舞台效果符合预期；管理舞者队伍，提升团队整体表现力。具体岗位包括舞蹈教师、舞蹈编导、舞蹈编导教育、教学管理岗位等。

对应院校与专业参考
北京舞蹈学院
舞蹈编导专业

福建艺术职业学院
舞蹈编导专业

职业发展路径
初级阶段：基础教学和简单的编排工作。

高级阶段：随着经验和技能的积累，转向更高级的编导工作，包括创作大型舞蹈作品、参与专业表演团体的项目，成为独立的编导艺术家。

书法家

岗位职责：需运用技法创作作品、参与展览活动、普及书法知识、设计教学课程、并深入研究书法艺术。

具体岗位：书法家工作涵盖书法创作、展示、教学及研究。主要包括专业书法家与教育领域书法教师等。专业书法家侧重艺术创作与传承，而书法教师则负责书法教学，制订教学计划，提升学员书法水平等。

对应院校与专业参考
中国美术学院
书法学专业

聊城大学
书法系

职业发展路径
初级阶段：打好基础，提高自己的书法技能和理论知识。

高级阶段：已经具备了较高的书法技能和理论知识，可以考虑进行个人展览、参与书法交流活动、从事书法编辑等工作。

 UI/UX 设计师

岗位职责： 用户研究与需求分析、交互界面设计、跨团队协作与项目落地。

具体岗位： UI 设计师主要负责设计产品的界面风格、操作流程及内容，确保视觉层次和交互效果良好。UX 设计师则关注用户整体感受和需求，通过用户研究、需求分析、原型设计及测试评估等手段提升用户体验。具体岗位包括 UI 设计师、UX 设计师、交互设计师、全栈设计师等。

职业发展路径

初级 UI/UX 设计师： 通常负责执行具体的设计任务，如界面布局设计、图标与视觉元素设计、设计交付支持等。

高级 UI/UX 设计师： 通常负责整体设计策略和方向，具备较强的创新能力。

对应院校与专业参考

上海交通大学
信息设计与艺术学专业

湖南安全技术职业学院
交互设计专业

珠宝设计师

岗位职责： 创意构思与主题设计、材质与工艺选择、设计方案深化与优化、样品制作与质量把控、参与市场与客户沟通、设计资料整理与归档。

具体岗位： 珠宝设计师根据客户需求与市场趋势，完成从创意到成品把控的系列工作细节。具体岗位包括设计创作、市场分析、材料选用、工艺技术、质量监督等。

职业发展路径

初级阶段： 设计简单的珠宝款式，如耳环、项链、手链等，熟悉常用贵金属的特性，能根据设计需求选择适配材料。

高级阶段： 负责整个设计项目的策划和管理，需要具备较强的团队协作能力和领导力。

对应院校与专业参考

中国美术学院
珠宝首饰设计专业

广州番禺职业技术学院
珠宝首饰设计与工艺专业

戏剧导演

岗位职责：解读剧本，进行创意构思，制订演出计划；选角并指导演员排练，管理协调团队；与舞美、灯光、音响等部门合作，负责舞台设计与呈现；参与市场推广与宣传。

具体岗位：戏剧导演全面负责舞台剧创作制作、指导儿童戏剧活动等不同领域，须具备深厚艺术修养、组织能力和沟通技巧。包括戏剧导演、副导演、助理导演、儿童剧导演、实验戏剧导演等。

职业发展路径

初级阶段：从助理导演或副导演做起，协助主导演完成各种工作。

高级阶段：多元化发展，涉足电影、电视剧、广告、新媒体内容创作等领域。

对应院校与专业参考
中国传媒大学
戏剧影视导演专业
北京艺术传媒职业学院
影视编导专业

艺术策展人

岗位职责：需要规划展览主题、挑选并安排艺术品、设计展览空间、撰写展览文案、管理艺术品运输保险、制订宣传策略、组织展览活动并与观众互动。

具体岗位：艺术策展人负责整体策划、辅助策划及特定项目策划工作，须具备深厚艺术知识、卓越组织能力和沟通技巧。包括首席策展人、助理策展人、项目策展人等。

对应院校与专业参考
中央美术学院
艺术管理专业
北京艺术传媒职业学院
文化产业管理专业

职业发展路径

初级阶段：具备扎实的艺术理论基础，独立承担小型展或大型展览部分板块的策划任务。

高级阶段：有机会成为艺术机构的管理者，如美术馆馆长、画廊总监等。

文学作家

岗位职责：素材收集与框架构思、文学作品的创作、作品修改与完善、文学交流与推广、持续学习与创作提升。

具体岗位：文学作家需不断学习文学理论和创作技巧，提升作品的艺术性和思想性。包括小说作家、诗歌作家、剧本作家等。

职业发展路径

初级阶段：通过持续阅读、学习写作技巧、参加写作培训和研讨会等方式提升写作技能。利用社交媒体和文学平台进行作品推广，增加曝光率。

高级阶段：通过持续创作和努力，在文学领域建立起自己的声誉和读者群体。积极推动小说作品改编为影视、游戏等多元化发展路径。

对应院校与专业参考
北京大学
汉语言文学专业
浙江外国语学院
汉语言文学专业

漫画家

岗位职责： 构思与起草漫画草图、与编辑讨论并修改完善草图、按规定截稿日期完成正稿、并持续构思新作品。

具体岗位： 在连载漫画创作领域，不同漫画家岗位围绕角色设计、背景绘制、场景构建等工作，共同推动漫画作品的诞生。包括连载漫画家、漫画分镜师、动态漫画分镜师等。

职业发展路径

初级阶段： 需要不断学习和实践，以提高自己的绘画技巧，包括学习如何使用各种绘图软件。

高级阶段： 开始寻找出版社或漫画平台合作的机会，包括与漫画杂志、网络平台或出版社签订合同，进行连载漫画的创作。

对应院校与专业参考

北京电影学院
漫画创作
上海工艺美术职业学院
动漫设计

花艺设计师

岗位职责： 负责设计并执行现场花艺布置，包括花束、花环、桌花等，确保花艺与活动主题相符。

具体岗位： 花艺设计师负责产品花艺设计、执行，参与新产品款式研发；根据客户需求和活动主题，选择合适花材，设计花艺作品，进行环境布置。包括婚礼花艺师、电商花艺打版师、花艺软装设计师、花艺培训机构老师等。

对应院校与专业参考

浙江大学
园艺专业
上海农林职业技术学院
园艺技术专业

职业发展路径

初级阶段： 开始接触和学习基本的花艺技能，包括花卉的选购、搭配、设计以及花艺制作过程。

高级阶段： 通常会参与到更复杂的项目中，如大型商业活动、婚礼等场合的花艺设计，花艺主题活动的策划与执行。

灯光设计师

岗位职责： 前期沟通与需求分析、创意构思与方案设计、设备选型与预算规划、现场安装与调试、现场执行与效果把控。

具体岗位： 灯光设计师需求根据项目进行创意设计、绘制灯光布光图、选择合适灯具、监督灯光安装、编程、调试，包括舞台灯光设计师、建筑灯光设计师、影视灯光师、智能照明设计师等。

职业发展路径

初级阶段： 具备相关的专业教育背景和基础知识，协助资深设计师完成灯光设计任务。

高级阶段： 团队的领导者，具备丰富的设计经验和高水平的技术能力，能够带领团队完成复杂的灯光设计项目。

对应院校与专业参考

中国传媒大学
照明艺术专业
浙江传媒学院
摄影或影视摄影与制作专业

文化遗产修复师

岗位职责：文物鉴定与科学分析、文物修复与保护实施、古法技艺的传承与创新、伦理规范与行业协作、学术研究与行业推动。

具体岗位：文物修复师运用传统与现代技术修复文物，确保文物完整性和美观性。该职业包括壁画彩塑修复师、纺织品修复师、金属文物修复师等多个工种。

职业发展路径

初级阶段：参与低风险文物修复项目，如简单粘接、清洗或辅助高级修复师完成复杂工序。

高级阶段：独立承担高难度修复任务，如修复严重锈蚀的青铜器、破损古书画，需结合传统技艺与科技手段制订修复方案，风险评估与方案优化。

对应院校与专业参考

中央美术学院
文物保护与修复专业

西安思源学院
文物修复与保护专业

品牌视觉顾问

岗位职责：前期调研与策略规划、视觉形象系统设计、品牌视觉维护与管理。

具体岗位：品牌视觉顾问涉及平面设计、VI 设计、品牌形象包装等，需运用专业设计软件高质量完成设计作品，并与策划、市场等部门紧密合作，为品牌提供全方位的视觉策略支持。包括品牌视觉设计、品牌视觉经理、品牌视觉总监等。

对应院校与专业参考

北京大学
艺术设计学专业

天津美术学院
视觉传达设计专业

职业发展路径

初级阶段：在资深顾问指导下，完成企业 VI 系统的基础设计工作，如标志延展、基础色系搭建、字体规范等。

高级阶段：主导大型集团或跨国企业的品牌视觉系统重构，参与企业战略决策层会议，孵化创新型视觉解决方案。

手工艺人

岗位职责：设计构思与方案规划、木雕制作与工艺雕琢、工艺传承与创新发展。

具体岗位：手工艺人涵盖多个传统工艺领域，均须具备高超技艺、细致耐心及创新能力。包括木雕师、漆器髹漆工、刺绣师等。

职业发展路径

初级阶段：通过大量的实践操作来提高自己的技艺，可以从简单的作品开始，逐步模仿经典作品，以此来提升自己的技术水平和审美能力。

高级阶段：明确个人品牌定位，通过社交媒体、个人网站等方式展示自己的作品和理念，从而吸引更多的客户和粉丝。同时，也可以通过开设工作室、参与商业项目等方式，将自己的手工艺品推向更广阔的市场。

对应院校与专业参考

湖北美术学院
工艺美术专业

浙江东方职业技术学院
工艺美术品设计专业

化妆造型师

岗位职责： 基础化妆技巧与风格妆容教程、测评美妆产品、节日主题妆与仿妆、内容传播与互动。

具体岗位： 设计妆容和造型，使用化妆品和技术完成化妆及发型工作，提供个性化服务，确保客户的满意度，包括影视剧化妆师、平面化妆师、自由化妆师、美妆博主等。

职业发展路径

初级阶段： 掌握基础的化妆技术和理论知识，参加化妆培训课程，不断更新知识和技能。

高级阶段： 负责指导整个化妆团队的工作，推动创新和技术进步。开设化妆学校或工作室，或者成为自由职业者，为客户提供高端定制化的化妆服务。

对应院校与专业参考

北京电影学院
戏剧影视美术设计专业
湖南明星影视化妆学校
影视化妆造型专业

影视编剧

岗位职责： 全流程剧本创作与改编、叙事结构设计与故事把控、跨部门协作与项目推进。

具体岗位： 影视编剧负责影视剧本的前期策划、故事梗概、角色设定及情节发展设定；与导演、演员等团队成员沟通，确保剧本意图的准确传达；根据市场反馈优化剧本，包括影视剧编剧、电影编剧、影视剧植入编剧等。

对应院校与专业参考

中国传媒大学
戏剧影视文学专业
上海温哥华电影学院
影视编剧专业

职业发展路径

初级阶段： 系统地学习影视制作的基本理论，包括剧本创作、导演艺术、摄影技术、剪辑技巧等知识，基础写作实践与规范训练。

高级阶段： 参与项目决策和品牌塑造，编剧需要不断提升自己的专业水平，保持对行业动态的敏感度以及对影视新技术的学习和应用。

艺术教育讲师

岗位职责： 设计并实施教学计划，传授艺术知识与技能；关注学生需求，提供个性化指导；定期评估学习效果，调整教学策略。

具体岗位： 艺术教育讲师负责美术或音乐课程的开发与教学。须具备扎实的艺术理论基础、丰富的教学经验和良好的沟通能力，能够创新课程内容，组织学生参与艺术活动，提升学生的艺术素养与创造力。包括美术教育中心讲师、艺术机构讲师等。

职业发展路径

初级阶段： 参与标准化课程研发，协助团队完成教材编写、教案设计，关注国家美育政策与核心素养目标。

高级阶段： 参与艺术考级大纲修订或教育产品评审，成为领域权威专家，进入高校担任艺术教育专业导师，培养新一代师资力量。

对应院校与专业参考

山东师范大学
艺术教育
闽南理工学院
艺术教育

 **数字媒体艺术家**

岗位职责：创意设计与方案规划、3D建模与动画制作、项目协作与技术整合。

具体岗位：数字媒体艺术家的工作是创意构思、设计虚拟现实体验、用户界面及交互流程，确保用户体验流畅。包括VR内容设计师、VR交互设计师、VR开发工程师、互动装置设计师、互动装置工程师、互动装置项目经理等。

职业发展路径

初级阶段：通过实习生或助理身份参与中小型项目实践，如艺术展览的互动装置搭建、VR场景原型开发，积累项目作品案例、建立行业人脉。

高级阶段：作为创意总监或独立艺术家，探索前沿技术，打造标志性作品。组建团队，孵化工作室或艺术科技公司，承接多元化项目或国际品牌合作。

 对应院校与专业参考
山西大学
数字媒体艺术设计专业
西安思源学院
数字媒体艺术设计专业

 **艺术评论家**

岗位职责：系统分析艺术流派与历史脉络梳理、作品风格与美学解析、撰写评论文章或学术报告、参与艺术类图书选题开发与编辑工作。

具体岗位：艺术评论家是通过专业分析和批判性思考，解读艺术作品、文化现象及艺术市场动态的职业。包括媒体艺术评论员、拍卖行首席评论官、数字艺术评论家等。

职业发展路径

初级阶段：系统梳理艺术史脉络，精读艺术理论经典著作，对比分析浪漫主义与当代艺术的表达差异，理解艺术风格演变与社会思潮的深层关联。从展览短评、社交媒体艺术分享等轻量化形式入手，聚焦单一艺术语言或主题，锻炼提炼核心观点与精准表达的能力。

高级阶段：担任大型展览评委、核心期刊编委等角色，从学术高度参与艺术作品的筛选、评价与理论传播。孵化艺术项目（如青年艺术家扶持计划），通过策划大型主题展览、出版等渠道推动理论研究与创作实践的双向互动。

对应院校与专业参考
中国美术学院
艺术史论专业
上海工艺美术职业学院
艺术设计专业

动漫配音演员
岗位职责：配音前期准备、配音过程演绎、后期优化与作品完善。

具体岗位：动漫配音演员需要与导演、编剧等紧密协作，不断提升配音技巧与艺术修养，通过声音传递角色情感，为观众带来优质观影体验。包括主角配音、配角配音、反派配音、儿童角色配音、动物角色配音等。

职业发展路径

初级阶段：技能积累与基础实践，通过试音争取次要角色，逐步建立声音辨识度。

高级阶段：技术精进与职业拓展，为知名动漫作品主角或关键角色配音，需适应高强度录制节奏，并与导演、团队深度协作。

 对应院校与专业参考
中国传媒大学
播音与主持艺术专业
上海电影艺术职业学院
播音与主持专业

文创产品设计师
岗位职责：前期调研与需求分析、创意设计与方案输出、产品落地与质量把控。

具体岗位：文创产品设计师能独立完成产品效果图、工艺标注文件，并跟进打样、生产及质量把控。主要包括资深IP衍生品设计师、工业设计方向文创设计师、设计师助理、跨界文创策划岗等。

 对应院校与专业参考
上海交通大学
文化创意产业学院
广东轻工职业技术学院
产品艺术设计专业

职业发展路径

初级阶段：参与IP形象衍生品的设计开发，完成平面设计、包装设计及工艺单制作。协助市场调研，分析流行趋势和用户需求，提出初步产品提案。

高级阶段：主导IP衍生品战略规划，统筹多品类开发（如潮玩、联名商品等），构建产品矩阵。

展览空间设计师
岗位职责：负责展厅、展馆的整体设计，包括展示、陈列和空间布局等工作，确保设计方案符合项目需求并能有效地传达信息。

具体岗位：展览空间设计师负责展览策划与构思、空间布局设计、展品展示方案制订、视觉设计与信息传达、灯光音响设计、项目管理与协调以及预算与成本控制。具体岗位有展览展示空间设计师、博物馆主案设计师、展厅设计师等。

职业发展路径

初级阶段：执行基础设计工作，负责展陈空间的版式设计、图文排版、效果图制作，配合主案设计师完成项目落地。

高级阶段：统筹大型项目，主导博物馆、科技馆等大型展馆的创意设计，把控空间布局、灯光效果及展项落地。

 对应院校与专业参考
中国美术学院
展示艺术设计专业
广东省岭南工商第一技师学院
展示艺术设计专业

乐器制作师

岗位职责：专注于手工制作乐器的各个部件，如琴体、琴颈、琴弦等，确保乐器的结构和外观符合设计要求，并进行音色调试与优化。

具体岗位：乐器制作师主要是设计乐器外形与结构，选材并手工制作乐器部件，装配调试确保音质达标，进行上漆、修整等工序。包括手工乐器制作工、音色调试师、乐器维修工、乐器保养顾问、乐器设计师等。

职业发展路径

初级阶段：学习基础工艺，掌握木材、金属加工，乐器部件组装，基础声学调试等技能，如提琴的面板弧度打磨或吉他的音梁调整。

高级阶段：精通复合工艺与声学优化，掌握复合工艺与异材质结合技术、高频声学分析及精密调音技术，能独立完成定制化乐器的全流程创作。

对应院校与专业参考
中央音乐学院
乐器修造艺术专业
山西艺术职业学院
乐器制造与维护专业

古籍装帧师

岗位职责：古籍状况分析与保护规划、装帧设计创作与方案优化、装帧工艺执行与质量把控。

具体岗位：古籍装帧师负责古籍文献的去污、除酸、修复、装订、装裱，以及复制件处理等工作。具体岗位包括古籍修复师和古籍装帧设计师等。

对应院校与专业参考
金陵科技学院
古籍修复专业
南京市莫愁中等专业学校
古籍修复专业

职业发展路径

初级阶段：在导师指导下参与博物馆、图书馆的文献整理或小型修复项目，积累实操经验（如协助档案建立、防虫防霉工作）。

高级阶段：精通复杂修复技术，掌握多种装帧形式（如包背装、蝴蝶装）的复原与改良。主导大型修复项目（如馆藏善本系统性保护），制订修复方案并协调团队成员的工作。

艺术治疗师

岗位职责：前期评估与方案制订、艺术治疗过程实施、治疗效果评估与跟进。

具体岗位：艺术治疗师需要评估来访者需求、制订个性化治疗计划、引导艺术创作并解读作品、提供心理支持。具体岗位有绘画治疗师、音乐治疗师等。

职业发展路径

初级阶段：参与个体或小组艺术治疗个案，通过绘画、雕塑、音乐等艺术形式，观察来访者的非语言表达，在资深治疗师指导下，学习如何建立安全的治疗关系、保护来访者隐私、处理治疗中的突发状况。

高级阶段：成为艺术治疗督导师，为初级从业者提供案例督导，推动行业标准化。与医疗机构合作开发临床治疗方案。

对应院校与专业参考
中央美术学院
艺术治疗专业
上海大学
绘画心理分析师研修班

时尚买手

岗位职责： 负责分析流行趋势与选品设计，判断潮流动向，制订采购计划，并与设计师沟通完成样衣采购。

具体岗位： 时尚买手需要调查市场及流行趋势，需掌握面料、色彩及设计要点，开拓采购渠道，降低采购成本，确保货品及时上线。具体岗位有时尚买手、买手设计师等。

职业发展路径

初级阶段： 系统学习时尚市场营销、消费者行为学、服装设计基础、面料学等核心课程，成为时尚买手助理。

高级阶段： 涉及商品企划、OTB预算等。买手的最高阶是买手总监，或者品牌总监，甚至事业部总监。

对应院校与专业参考

北京服装学院
服装设计与工程专业

上海工艺美术职业学院
时尚设计与工艺

影视分镜师

岗位职责： 负责将剧本转化为可视化动画片段，主要职责包括分析剧本、规划镜头和动作、绘制分镜画面、与团队沟通调整修改，并确保动画结构和表现方式符合预期。

具体岗位： 影视分镜师负责将剧本转化为图像，设计镜头构图和画面效果。岗位涵盖电影分镜师、动画分镜师等。

对应院校与专业参考

中国传媒大学
动画专业

上海电影艺术职业学院
分镜设计影视编导专业

职业发展路径

初级阶段： 学习和掌握基础知识，包括镜头语言、画面构图、角色设计、动作规律等基础知识。在高级分镜师的指导下，参与简单的分镜头绘制工作，学习如何将剧本转化为视觉元素。

高级阶段： 能够独立承担大型电影或动画项目的分镜头绘制工作，包括复杂的剧情和角色设计。作为团队中的资深成员，负责指导和培训初级分镜师，分享经验和技巧。

广告文案策划

岗位职责： 侧重电商平台活动方案策划，撰写商品卖点文案及直播引流脚本。

具体岗位： 广告文案策划主要包括创意标语与叙事文案撰写。需紧跟市场趋势，洞察消费者心理，创作富有吸引力和感染力的广告文案。主要包括新媒体文案策划、电商文案策划、影视广告文案策划、地产广告文案策划、品牌文案策划等。

职业发展路径

初级阶段： 掌握广告文案的规范与技巧，包括创意标语撰写、随文设计、广告语提炼等，需遵循真实性、独创性等原则。

高级阶段： 统筹创意团队，协调文案、设计、市场等多部门协作，把控传播效果。

对应院校与专业参考

中国传媒大学
广告学专业

广西工商职业技术学院
全媒体广告策划与营销专业

 **影视美术指导**

岗位职责：负责把控影视场景视觉风格，根据剧本和导演要求寻找拍摄场地、进行规划设计和指导置景，以及组织指导服装、化妆、道具等工作。

具体岗位：美术指导需确保电影视觉效果达到最佳状态，是电影画面质量的关键保障。主要岗位有影视美术指导、道具师、摄影师、化妆师、场景设计师等。

职业发展路径

初级阶段：担任助理美术指导或场景设计师，协助主创团队完成分镜设计、场景搭建、道具选型等执行工作。

高级阶段：成为首席美术指导或艺术总监，参与影视公司战略决策，主导IP开发的整体视觉世界观构建（如系列电影、流媒体平台定制内容）。

对应院校与专业参考
上海戏剧学院
戏剧影视美术设计专业
北京电影学院
戏剧影视美术设计专业

 艺术经纪人

岗位职责：艺术家发掘与培养、艺术品推广与营销、艺术品交易与客户服务。

具体岗位：艺术经纪人负责艺术家推广与作品交易，其岗位职责包括维护艺术家关系、制订宣传方案、协助展览活动策划、寻找客户资源、市场分析、作品展示及协调展览工作等。具体岗位有艺术家经纪人、艺术品经纪人等。

对应院校与专业参考
中央美术学院
艺术管理
上海工艺美术职业学院
艺术设计与制作

职业发展路径

初级阶段：需要具备基本的艺术鉴赏能力，了解艺术家的创作特点、艺术风格、创作理念和发展历程，准确把握其市场定位。

高级阶段：高级艺术经纪人能够策划和组织大型的艺术展览、拍卖活动或艺术项目，为艺术家争取到更多的展示机会和商业合作。

 **游戏剧情策划**

岗位职责：剧情演出前期设计，需掌握分镜语言、镜头调度，配合动画团队完成过场动画。

具体岗位：游戏剧情策划负责搭建游戏整体世界观框架，包括历史背景、种族设定、社会规则等，并围绕框架细化真实性规则，包括二次元剧情策划、IP改编剧情策划、分镜与视觉叙事策划、多平台剧情策划等。

职业发展路径

初级阶段：执行基础文案工作：负责NPC对话设计、任务剧情推动、选项分支等细节内容。

高级阶段：主导游戏整体世界观的顶层设计，包括政治、经济结构、文化体系等。设计核心冲突与多线叙事，平衡玩家选择对剧情的影响。

对应院校与专业参考
北京邮电大学
游戏设计与开发
广东轻工职业技术学院
游戏艺术设计

公共艺术设计师

岗位职责： 前期调研与创意构思、专业设计与方案深化、项目制作与落地管理。

具体岗位： 公共艺术设计师主要参与策划并执行城市主题展览、活动策划，制订并完善设计方案及预算，解决技术问题，以及配合其他部门完成工作。岗位涵盖城市雕塑类设计师、壁画类设计师、装置艺术类设计师、新媒体艺术类设计师等。

职业发展路径

初级阶段： 协助资深设计师参与公共艺术项目，学习和掌握基本的设计软件和工具。通过参与多个项目，熟悉不同类型公共艺术作品的设计特点与要求，为职业发展奠定基础。

高级阶段： 通常能够独立承担中型或大型公共艺术项目的设计工作。需要具备丰富的项目经验和深厚的专业知识，能够形成独特的设计风格，并在行业内建立一定的人脉资源与个人声誉。

对应院校与专业参考

中国美术学院
公共艺术专业

江南大学
公共艺术专业

卡通形象设计师

岗位职责： 卡通形象的创意构思与设计创作、形象在多载体中的适配与应用设计、项目协作与设计优化、行业趋势跟踪与设计能力提升。

具体岗位： 卡通形象设计师负责创意构思IP形象，进行角色设定、视觉设计及衍生品开发。包括品牌IP设计师、游戏/动漫IP角色设计师、文创周边开发设计师等。

职业发展路径

初级阶段： 掌握基础设计工具，具备手绘与数字绘画能力，能完成角色造型、动态表情等基础设计。参与企业吉祥物、品牌IP形象设计项目，学习如何通过视觉符号传递品牌理念。

高级阶段： 主导企业IP战略规划，构建从形象设计到商业变现的完整生态链。统筹设计、生产、营销等多部门协作，孵化原创IP品牌并推动国际化合作。

对应院校与专业参考

中国美术学院
动画专业

北京林业大学
动画设计专业

艺术摄影导师

岗位职责： 指导学员掌握摄影技法与美学知识，解答学员疑问，协助后期处理；开发教学方式，提高教学质量；维护学生满意度，反馈学习情况。

具体岗位： 艺术摄影导师除了教学任务还需要参与学校与行业活动，包括摄影技法教学导师、美学理论教学导师、美学理论教学导师、作品集辅导导师等。

职业发展路径

初级阶段： 掌握系统化教学框架，参考基础教案设计，从摄影史、器材操作到构图与光线理论，分阶段完成知识体系搭建。

高级阶段： 涵盖艺术摄影流派分析、创作思维训练，引入跨学科美学理论（如绘画与电影视觉借鉴）。

对应院校与专业参考

浙江传媒学院
摄影与制作专业

新疆艺术学院
摄影摄像技术专业

影视服装指导

岗位职责：前期筹备与设计规划、服饰制作与采买、拍摄现场管理与维护、后期总结与资料整理。

具体岗位：影视服装指导主要设计角色服装造型，确保其契合剧本情节、角色设定及场景氛围。具体岗位包括服装师、造型师、化妆师等。

职业发展路径

初级阶段：具备独立完成小型项目基础造型的能力，能根据角色身份、场景需求选择合适的服装、发型与妆容。

高级阶段：通过行业曝光与个人IP的多渠道打造，将专业能力转化为影响力，形成独特设计风格，通过多元渠道传递理念，实现商业与艺术价值的双重突破。

 对应院校与专业参考

北京电影学院
人物形象设计专业
江南影视艺术职业学院
人物形象设计专业

音乐剧演员

岗位职责：舞蹈编排的深度参与与精准落地、戏剧演出中舞蹈的叙事性表达。

具体岗位：音乐剧演员主要包括参与音乐剧排练与演出，负责声乐、舞蹈及戏剧综合表演。包括舞台表演演员、音乐剧舞蹈演员、小演员孵化培训师、课程授课教师等。

职业发展路径

初级阶段：参与中小型剧组、校园剧目或地方剧院演出，积累舞台经验；通过实习或兼职接触行业运作流程，如排练、试镜和剧目推广。

高级阶段：争取核心角色或签约知名剧团（如百老汇、伦敦西区驻场演出），打造个人代表作，拓展行业影响力。

 对应院校与专业参考

中央音乐学院
音乐剧专业
上海电影艺术职业学院
音乐剧表演专业

艺术展览执行

岗位职责：前期调研与创意方案规划、动线规划与空间效果设计、项目落地与设计跟进。

具体岗位：艺术展览执行主要负责展览搭建、布展及撤展全流程执行，协调作品运输、仓库管理及现场施工，包括展览执行专员、展示展览设计师、会展项目经理等。

 对应院校与专业参考

中国美术学院
展示艺术设计专业
四川美术学院
展示艺术设计专业

职业发展路径

初级阶段：协助完成展览技术方案落地，如灯光调试、展品陈列；配合策展团队优化观众视觉动线，确保参观流畅性。

高级阶段：策划主题性展览IP，打造差异化视觉叙事逻辑；推动艺术与商业融合（如文旅项目、品牌联名展）；培养团队，制定行业标准与创新流程。

非遗传承人

岗位职责：专注于传承非遗技艺，确保技艺延续；研究创新，融合现代元素；教育培训，提升公众认知；推广传播，增强文化自信；记录整理，配合保护工作。

具体岗位：非遗传承人要掌握并熟练运用非遗项目的传统知识和核心技艺，积极传授、展示、传播非遗项目，培养新一代传承人，参与非遗项目的记录、整理和研究工作。具体岗位涵盖传统手工艺、民俗文化、音乐舞蹈等，如刺绣、陶瓷制作、木雕、传统音乐演奏等技艺的传承人等。

职业发展路径

初级阶段：非遗传承人通常需要掌握基本的技艺和理论知识。这个阶段的重点是学习和模仿前辈的技艺，同时打下坚实的文化基础知识。

高级阶段：不仅要精通技艺，还要具备较高的文化素养和创新能力。根据搜索结果，新一代的非遗传承人需要有"招牌"变"品牌"的运营能力，以及推动非遗"出圈"的传播技巧。

对应院校与专业参考
中央美术学院
非物质文化遗产保护专业
南京艺术学院
非物质文化遗产保护专业

数字雕刻师

岗位职责：3D模型设计与概念构建、虚拟雕塑创作与细节塑造、项目协作与成果交付。

具体岗位：数字雕刻师要求具备扎实的美术功底、良好的手绘能力和数字雕刻软件操作技能，主要包括电影电视视觉效果制作、高端游戏设计、工艺品数字雕刻设计与制作等。

职业发展路径

初级阶段：学习和熟悉3D建模软件、数字雕刻软件，建立个人作品集，记录从基础到进阶的创作过程，为职业发展积累案例资源。

高级阶段：负责大型游戏的角色设计、电影中的特效制作或是高端广告的视觉设计。带领数字雕刻团队完成大型项目，把控项目进度与质量，参与行业技术研讨会，分享复杂项目的解决方案，为3D建模与雕刻软件的功能迭代提供专业建议，推动行业技术发展。

对应院校与专业参考
中国美术学院
雕塑专业
长沙民政职业技术学院
动漫制作技术专业

元宇宙场景设计师

岗位职责：前期需求分析与规划、虚拟场景设计与建模、代码实现与交互开发。

具体岗位：元宇宙场景设计师负责在虚拟空间中创造艺术场景，包括设计元宇宙平台场景、模型构造、场景渲染、动画制作等。具体岗位有VR场景设计师、3D场景模型师、元宇宙空间设计建筑师等。

职业发展路径

初级阶段：参与小型虚拟场景搭建，如游戏道具设计、局部环境布局等。辅助高级设计师完成场景优化，学习灯光、材质调整等基础技术。

高级阶段：主导大型元宇宙项目（如虚拟城市、社交空间），协调技术、美术、策划团队工作，确保风格统一。制订美术标准与流程规范，优化资源复用与性能平衡（如LOD技术）。

对应院校与专业参考
中国传媒大学
虚拟空间艺术专业
香港理工大学
元宇宙科技专业

跨境电商运营专员

岗位职责：店铺日常运营、流量获取与转化、数据监测与分析、供应链协同管理。

具体岗位：跨境电商运营专员通过助力企业拓展海外市场，从而提高品牌国际影响力，包括平台店铺运营专员、海外市场推广员、产品选品专员、国际物流协调员、数据分析助理等。

对应院校与专业参考
浙江大学
国际经济与贸易专业
义乌工商职业技术学院
跨境电商专业

职业发展路径

初级阶段：学习跨境电商店铺管理，懂得优化商品标题和图片，清楚买家点击的吸引点。

高级阶段：精通Google Ads广告平台操作，精通网红营销，能分析销售数据提升业绩。

旅游体验规划师

岗位职责：战略定位与规划、客户研究与洞察、体验设计与优化、实施与监控。

具体岗位：旅游体验规划师通过为游客打造独特旅游体验，增强旅游体验质量，包括定制旅行顾问、文旅项目策划、目的地资源开发、客户体验管理、活动执行督导等。

职业发展路径

初级阶段：设计旅行路线，安排景点和酒店，协助处理游客咨询，解答常见问题。

高级阶段：能策划高端定制游，如南极探险，能结合VR虚拟体验提升服务。

对应院校与专业参考
中山大学
旅游管理专业
郑州旅游职业学院
旅游管理专业

第四章
社会型（S）职业

社会型职业从业者通常热衷服务他人，注重人际互动与情感支持。这类人通常富有同理心、善于沟通，乐于通过专业服务增进他人福祉，适合从事教育、医疗、心理咨询等公共服务类职业，如护士、社工、心理咨询师等。

中小学教师
岗位职责： 教育教学工作、学生管理与指导、家校沟通与协作、自身发展与学习。

具体岗位： 中小学教师通过传授基础知识，培养中小学生综合素质，奠定人才成长基础，包括小学教师、初中教师、高中教师、特教教师、学科教师等。

职业发展路径

初级阶段： 制订基础教学目标，设计简单教案，懂得课堂导入、提问、讲解等基本教学技巧，能运用基本干预策略处理学生问题行为。

高级阶段： 能设计分层教学方案，能运用探究式、项目式等创新教学方法，能撰写教学论文，能针对学困生或资优生制订差异化教学方案。

对应院校与专业参考
南京师范大学
科学教育专业
湛江幼儿师范专科学校
小学教育专业

护士
岗位职责： 术前准备、术中配合、术后护理、专业提升。

具体岗位： 护士协助医生进行医疗护理，照顾患者生活起居，促进患者康复，包括注册护士、手术室护士、急诊护士、ICU护士、儿科护士等。

对应院校与专业参考
中南大学
护理学专业
濮阳医学高等专科学校
护理专业

职业发展路径

初级阶段： 能伤口护理，能向患者及家属普及疾病预防和康复知识，掌握CPR操作、急救药品使用等基本急救技能。

高级阶段： 掌握糖尿病管理、PICC置管、ICU重症监护等专项技能，能制订个性化护理方案，带教新人护士。

心理咨询师
岗位职责： 心理评估、提供心理咨询、开展心理治疗、提供心理教育。

具体岗位： 心理咨询师通过运用专业方法解决人们心理问题，维护心理健康，包括临床心理咨询师、教育心理咨询师、企业心理咨询师、婚姻家庭咨询师、青少年心理咨询师等。

职业发展路径

初级阶段： 懂得倾听、共情、开放式提问等咨询工作，能运用量表（如SDS）筛查焦虑等问题，能制订初步干预计划。

高级阶段： 掌握精神分析、家庭治疗等深度疗法，能处理创伤后应激障碍等复杂个案，能督导新手咨询师。

对应院校与专业参考
北京师范大学
应用心理学专业
沧州医学高等专科学校
心理咨询专业

医生（全科）
岗位职责：健康管理与咨询、健康档案管理、重点人群管理、健康教育。

具体岗位：医生（全科）是综合诊治常见疾病，提供连续性医疗服务，保障人民健康，包括家庭医生、社区医生、基层医疗中心主任、急诊全科医生、老年病全科医生等。

职业发展路径

初级阶段：掌握常见病的诊断与治疗，能进行体格检查和报告解读，如心肺听诊，提供基础健康指导，掌握心肺复苏（CPR）等基础急救技能。

高级阶段：能为特殊人群制订健康方案，如孕产妇、老年人、慢性病患者，能参与基层医疗政策制定，如分级诊疗制度的优化。

对应院校与专业参考
南京大学
临床医学专业
上海健康医学院
临床医学专业

养老护理员
岗位职责：日常生活照料、健康监测、心理支持、沟通协调。

具体岗位：养老护理员为老年人提供生活照料与护理服务，提高老年生活质量，包括老年照护师、失智症护理员、老年康复护理员、居家养老护理员、老年护理评估员等。

对应院校与专业参考
南京中医药大学
养老服务管理专业
沧州医学高等专科学校
老年保健与管理专业

职业发展路径

初级阶段：掌握老年人日常护理，如协助进食，能识别老年人常见健康问题，如跌倒风险，能处理老年人突发状况，如噎食急救，能缓解老年人焦虑或孤独情绪。

高级阶段：掌握失智症照护、临终关怀等高阶护理技能，能设计个性化康复训练，如关节活动训练、认知训练。

社区工作者
岗位职责：社区环境管理、居民互动促进、问题解决、活动组织。

具体岗位：社区工作者是整合社区资源，提供多样服务，增强人们归属感，包括社区网格员、社区服务专员、社区调解员、社区发展专员、社区康复专员等。

职业发展路径

初级阶段：掌握问卷调查、入户访察了解需求，能组织基础社区活动，如节日庆典，协助居民申请低保、医疗救助等社会福利。

高级阶段：能推动社区发展项目，如老旧小区改造，推动"社区自治"，培育居民骨干参与公共事务。

对应院校与专业参考
南京师范大学
社会工作专业
广东青年干部学院
社会工作专业

特殊教育教师

岗位职责：评估学生能力、制订个性化教育计划、行为干预、监控进展并调整教学策略。

具体岗位：特殊教育教师是为特殊儿童提供教育服务，帮助他们适应社会，包括融合教育教师、自闭症教育教师、听障教育教师、视障教育教师、智力障碍教育教师等。

职业发展路径

初级阶段：能制订个别化教育计划（IEP），能运用视觉提示、结构化教学等特教方法，能处理特殊儿童情绪行为问题，如自闭症儿童的刻板行为。

高级阶段：能联合康复师、心理师设计康复教育方案，能开发适龄特教课程，如生活技能训练、职业启蒙教育。

对应院校与专业参考

华东师范大学
特殊教育专业

南京特殊教育师范学院
特殊教育专业

职业指导师

岗位职责：收集个人信息、制订职业规划、提供咨询和建议、辅助制订职业规划。

具体岗位：职业指导师是提供职业规划与咨询，帮助求职者实现职业目标，包括职业规划师、职业指导师、职业测评师、职业咨询师、职业培训师等。

对应院校与专业参考

中国人民大学
人力资源管理专业

北京劳动保障职业学院
职业指导与服务专业

职业发展路径

初级阶段：掌握基本的职业咨询流程，能初步分析求职者的职业困惑，如职业定位不清等问题，能够运用职业测评工具初步评估，如霍兰德职业兴趣测试。

高级阶段：精通职业发展理论，如舒伯学派的生涯发展理论，能对个案进行深度分析，能处理复杂职业问题，熟练运用多种测评工具进行精准职业定位。

公共营养师

岗位职责：制订营养治疗计划、开展营养教育和咨询、监督营养治疗效果、监督饮食质量。

具体岗位：公共营养师开展营养指导与教育，调整人们饮食结构，提升人们健康水平，包括临床营养师、社区营养师、学校营养师、运动营养师、餐饮营养师等。

职业发展路径

初级阶段：清楚膳食指南及常见食物营养成分，熟悉24小时回顾法进行膳食调查，辅助制订基础营养治疗计划，能向大众普及基础营养知识。

高级阶段：为特殊人群制订精准营养方案，如孕产妇，能发表学术论文，具备参与地方营养政策制定能力。

对应院校与专业参考

中国医科大学
食品卫生与营养学专业

扬州大学
烹饪与营养教育专业

公益机构项目经理

岗位职责：运营和维护募捐平台、推进募捐项目、财务状况分析、策划和执行筹款活动。

具体岗位：公益机构项目经理统筹公益项目策划实施，推动公益事业有效开展，包括公益项目经理、基金会项目经理、慈善项目主管、公益项目专员、社会服务项目经理等。

职业发展路径

初级阶段：按计划推进活动，管理预算和基础资源分配，能撰写项目进展报告，能识别常规风险（如资金短缺）并制订应对预案。

高级阶段：能整合多方资源，能运用量化工具衡量项目社会价值，如社会投资回报率（SROI）。

对应院校与专业参考

北京师范大学
公共事业管理专业

梧州职业学院
公共事务管理专业

婚姻家庭咨询师

岗位职责：咨询服务、培训教育、信息管理、沟通协调。

具体岗位：婚姻家庭咨询师通过帮助家庭解决矛盾，维护家庭和谐稳定，提升幸福感，包括婚姻咨询师、家庭治疗师、情感咨询师、婚前辅导师、离婚调解师等。

对应院校与专业参考

民政职业大学
婚姻服务与管理专业

重庆城市管理职业学院
婚庆服务与管理专业

职业发展路径

初级阶段：掌握倾听技巧，能处理常见夫妻冲突，了解民法典、抚养权等基本法律条款，能使用标准化量表评估亲子关系，简单咨询流程执行。

高级阶段：能处理家暴、离异创伤等高敏感问题，能运用结构派或叙事疗法解决复杂家庭动态，能参与心理咨询伦理指南修订。

临终关怀护士

岗位职责：医疗服务、情感和心理健康支持、照顾者和家庭支持。

具体岗位：临终关怀护士为临终患者提供护理与关怀，提高生命末期生活质量，包括安宁疗护护士、姑息治疗护士、临终关怀护理师、疼痛管理护士、家庭临终护理师等。

职业发展路径

初级阶段：使用特定药物缓解疼痛等终末期症状，运用同理心进行沟通，协助患者完成遗愿清单，指导家属进行基础临终护理，如体位调整。

高级阶段：能为家属提供长期丧亲心理干预，能主导医生、社工的跨团队照护计划。

对应院校与专业参考

复旦大学
护理学专业

山东医学高等专科学校
护理专业

青少年辅导员

岗位职责：心理健康教育与咨询、建立信任与沟通、心理危机预防与干预、资源梳理与支持。

具体岗位：青少年辅导员协助青少年成长发展，引导树立正确价值观，促进青少年全面健康发展，包括学校心理辅导员、青少年成长导师、青少年事务社工、问题青少年辅导员、青少年危机干预师等。

职业发展路径

初级阶段：能开展校园心理健康讲座或团体辅导，能识别青少年学业压力、社交焦虑等常见问题，向家长反馈学生行为问题并提供建议。

高级阶段：能处理自我伤害行为、校园暴力等紧急事件，能激发目标感与心理韧性，参与心理健康教育政策的制定。

对应院校与专业参考

上海师范大学
心理健康教育专业

长沙民政职业技术学院
心理咨询专业

法律援助律师

岗位职责：法律咨询、代理诉讼、调解和协商、法律文书起草。

具体岗位：法律援助律师为经济困难群众提供法律援助，帮助其维护合法权益，包括法援专职律师、农民工维权律师、妇女儿童维权律师、残疾人维权律师、刑事法律援助律师等。

对应院校与专业参考

中南财经政法大学
法学专业

河北政法职业学院
法律事务专业

职业发展路径

初级阶段：能处理常见民事纠纷的基础法律咨询，如劳动纠纷、婚姻家庭纠纷，能代写法律文书，如起诉状、合同。

高级阶段：能代理重大人权案件的公益诉讼，如残疾人权益、反歧视诉讼，能参与立法咨询。

幼儿园教师

岗位职责：学生管理、学习辅导、家长沟通、情况记录。

具体岗位：幼儿园教师对幼儿进行保育教育，促进幼儿身心健康发展，培养幼儿良好习惯，包括托班教师、早教教师、幼儿园特长教师、幼儿园教研组长、蒙氏教育教师等。

职业发展路径

初级阶段：能制订教学计划，掌握蒙氏教具、感统训练等基础教学方法，能进行游戏、手工等教学活动，能观察分析幼儿心理需求，维持课堂秩序，处理幼儿冲突。

高级阶段：能设计融合课程，适应特殊儿童需求，如自闭症幼儿，能处理幼儿情绪障碍，如分离焦虑，能参与幼儿园发展规划。

对应院校与专业参考

华东师范大学
学前教育专业

陇南师范高等专科学校
学前教育专业

康复治疗师

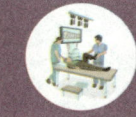

岗位职责：患者评估、制订治疗计划、实施治疗、监督和评估治疗效果。

具体岗位：康复治疗师通过专业治疗手段，帮助患者恢复身体功能，提高自理能力，包括物理治疗师、作业治疗师、言语治疗师、运动康复师、神经康复师等。

职业发展路径

初级阶段：掌握肌张力、平衡能力等运动功能评估方法，能使用标准量表评估患者活动能力等，指导患者肌力训练、关节活动度训练、步行训练，会电疗、热疗、冷疗等物理因子治疗。

高级阶段：能进行神经康复的精准功能评估，如脑卒中后遗症期，能对特殊人群制订个性化康复方案，如肿瘤术后，能主导康复团队协作，如医生、护士、社工。

对应院校与专业参考

首都医科大学
康复治疗学专业

河南医学高等专科学校
康复治疗技术专业

社区卫生服务专员

岗位职责：健康宣教与服务管理、信息收集与数据管理、教育活动组织、项目与计划管理。

具体岗位：社区卫生服务专员为人们提供基本医疗和公共卫生服务，做好社区疾病防控，包括社区健康专员、家庭医生助理、慢性病管理专员、预防接种专员、妇幼保健专员等。

职业发展路径

初级阶段：能对慢性病建档与随访，如高血压，能组织健康讲座、疫苗接种、健康宣教等基本公共卫生服务。

高级阶段：能对社区进行疾病筛查，如癌症早筛，分析健康数据，能协调应对突发公共卫生事件，如传染病暴发。

对应院校与专业参考

复旦大学
预防医学专业

天津医学高等专科学校
医学影像技术专业

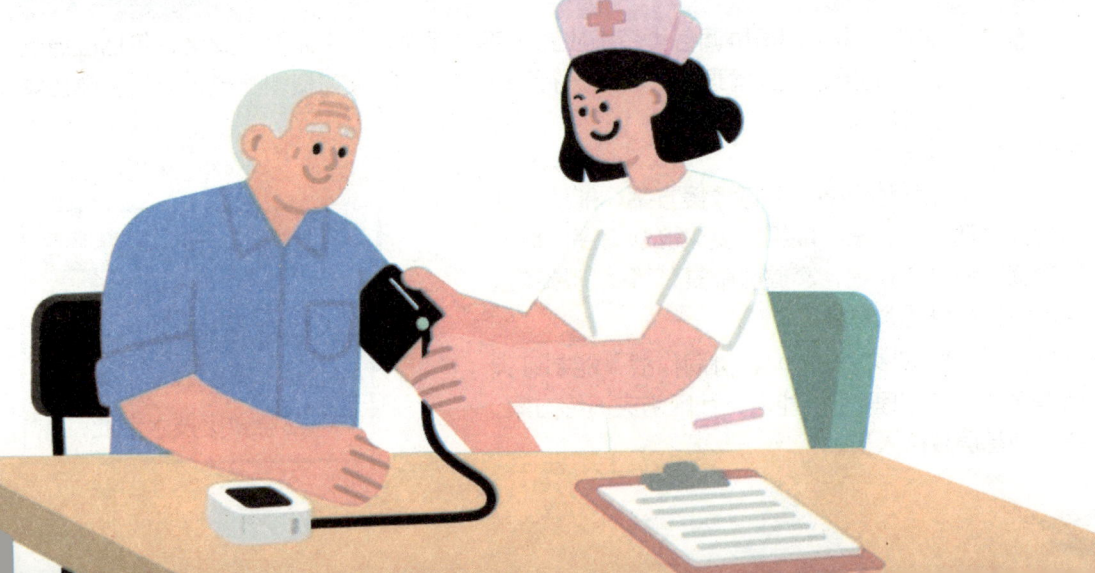

残疾人就业顾问

岗位职责：提供咨询和指导服务、促进就业和创业、组织培训和交流活动、心理支持和辅导。

具体岗位：残疾人就业顾问帮助残疾人掌握技能、寻找工作、融入社会，包括残疾人就业指导师、残障职业规划师、残疾人职业评估师、残疾人就业培训师、残疾人创业指导师等。

职业发展路径

初级阶段：能评估残疾人就业能力，能找到匹配岗位，能向雇主推荐残疾人就业政策，如税收优惠。

高级阶段：指导企业无障碍工作环境设计，如轮椅通道，能开展残疾人职业技能培训课程，如IT技能、手工艺。

对应院校与专业参考

长春大学
特殊教育专业

山东特殊教育职业学院
残疾人康复与就业指导专业

戒毒社会工作者

岗位职责：需求评估与计划制订、服务实施与支持、服务质量与管理、专业培训与提升。

具体岗位：戒毒社会工作者为戒毒人员提供服务与支持，巩固戒毒成果，帮助其回归正常生活，包括社区戒毒专员、康复中心社工、戒毒个案管理员、戒毒心理辅导员、戒毒家庭服务社工等。

对应院校与专业参考

上海政法学院
禁毒学专业

云南司法警官职业学院
社区矫正与戒毒管理专业

职业发展路径

初级阶段：能评估戒毒人员需求，如成瘾程度、家庭支持，能开展防复吸教育，如高危情境应对训练。

高级阶段：能运用动机访谈（MI）、认知行为疗法（CBT）矫正成瘾思维，能推动"戒毒—就业—家庭"一体化帮扶模式。

灾害救援协调员

岗位职责：策划和执行应急预案、协调资源、现场指挥、信息收集和汇报。

具体岗位：灾害救援协调员协调各类资源应对灾害，保障人民生命财产安全，包括应急响应协调员、灾害管理专员、救援行动协调员、赈灾物资调配员、灾后重建协调员等。

职业发展路径

初级阶段：能现场评估及制订救援方案，能使用通信设备协调救援力量，能组织受灾群众有序撤离，熟悉临时避难所搭建，掌握心肺复苏等院前急救技能，对伤员进行紧急救治。

高级阶段：协调多方救援力量协同作战，能制订灾后重建计划和心理干预，能设计社区防灾演练方案，能培训基层救援人员。

对应院校与专业参考

中国人民警察大学
抢险救援指挥与技术专业

河北能源职业技术学院
应急救援技术专业

 **心理健康教育讲师**

岗位职责：心理教育课程的设计与实施、心理辅导与支持、心理健康活动的组织、评估与反馈。

具体岗位：心理健康教育讲师普及心理健康知识，提高公众心理保健意识和能力，包括心理教育讲师、心理健康培训师、校园心理讲师、企业心理讲师、心理科普讲师等。

职业发展路径

初级阶段：会倾听、共情，能处理常见心理问题，如焦虑，能使用简易心理测评工具，如PHQ-9抑郁量表，能开展心理健康普及讲座，能识别轻生倾向、校园暴力等危机信号并进行干预。

高级阶段：掌握认知行为疗法等专业疗法，为特殊群体设计干预方案，如创伤后应激障碍患者，能制订心理关怀计划，能发表学术论文。

 对应院校与专业参考

湖南师范大学
心理学专业
河南职业技术学院
心理健康教育专业

 **母婴护理师（月嫂）**

岗位职责：产妇护理、营养搭配、日常卫生管理、健康监测。

具体岗位：母婴护理师（月嫂）为母婴提供专业照料与护理，保障母婴健康恢复，包括产后护理师、新生儿护理师、高级月嫂、金牌月嫂、月子护理师等。

职业发展路径

初级阶段：能给新生儿脐带护理等日常护理，能处理常见问题，如黄疸，能护理产妇伤口、基础乳房护理，能安排月子餐，能婴儿窒息急救，如海姆立克法。

高级阶段：能护理早产儿等特殊新生儿，能制订产后康复计划，能解决复杂哺乳问题，如乳腺炎，能指导科学断奶。

对应院校与专业参考

北京大学医学部
护理学专业
山东医学高等专科学校
护理专业

 **社工督导**

岗位职责：教育性督导、行政性督导、支持性督导。

具体岗位：社工督导指导监督社工工作，提升社工专业服务质量，包括社会工作督导、社工机构督导、临床社工督导、社区服务督导、社工项目督导等。

职业发展路径

初级阶段：清楚个别督导、小组督导的基本流程，了解社会工作伦理守则，能培训志愿者基础服务技能。

高级阶段：设计机构整体督导框架，如临床督导+行政督导复合模式，制订社工绩效考核标准，能指导社工处理高风险个案并进行干预，如家庭暴力。

 对应院校与专业参考

上海大学
社会工作专业
深圳职业技术学院
社会工作专业

学校心理咨询师

岗位职责：组织参与心理健康教育与咨询活动、心理危机事件处理、心理健康材料管理、心理健康宣传与教育。

具体岗位：学校心理咨询师为师生提供心理支持与辅导，营造健康和谐校园环境，包括学生心理督导员、校园心理咨询师、心理健康教育教师、学业心理指导师、心理危机干预专员等。

职业发展路径

初级阶段：能用简易量表筛查学生抑郁倾向，能识别发展性问题，如学习障碍，能对班级进行心理健康活动，能对校园暴力等紧急情况进行初步干预。

高级阶段：掌握认知行为疗法等专业方法，能处理PTSD等复杂案例，能设计"心理健康第一响应人"制度，培训教师识别心理危机信号。

对应院校与专业参考
- 华东师范大学　应用心理学专业
- 沧州医学高等专科学校　心理咨询专业

公益基金会募捐专员

岗位职责：企业筹款顾问、患者支持与关怀、建立与维护关系、数据管理与分析。

具体岗位：公益基金会募捐专员通过筹集公益资金，支持公益项目开始和落地，助力社会公益事业，其包括捐赠关系专员、企业筹款顾问、在线募捐专员、公益众筹专员、募捐数据分析师等。

对应院校与专业参考
- 山东工商学院　公益慈善管理专业
- 广东青年职业学院　公益慈善事业管理专业

职业发展路径

初级阶段：能策划线下募捐活动，如慈善晚宴，能撰写筹款文案，如社交媒体呼吁信，定期发送项目进展报告。

高级阶段：能设计大额捐赠计划，如家族基金会合作，能制订3～5年筹款增长方案，能开拓社会企业合作等新型筹资模式。

医患关系协调员

岗位职责：医疗纠纷调解员、促成当事人达成协议、督促协议的履行、宣传医疗纠纷政策。

具体岗位：医患关系协调员通过化解医患矛盾，增进医患沟通信任，构建良好医疗秩序，包括医疗纠纷调解员、患者服务协调员、医患沟通专员、医疗投诉处理员、医疗风险管理师等。

职业发展路径

初级阶段：秉持尊重、倾听的基本原则，能调解一般性医患矛盾，熟悉医疗纠纷处理流程，收集投诉信息并反馈，能安抚患者及家属的情绪。

高级阶段：为能处理复杂医疗纠纷，如医疗事故争议，能促成和解，熟悉医疗诉讼流程，协助应对诉讼风险，为医护人员提供医患沟通培训。

对应院校与专业参考
- 深圳大学医学部　临床医学专业
- 南阳医学高等专科学校　社区康复专业

社区健康管理员
岗位职责：档案的建立与维护、数据录入与管理、信息安全与隐私保护、数据分析与报告。

具体岗位：社区健康管理员通过开展社区居民健康管理，普及健康知识，提高人们健康素养，包括健康档案管理员、慢性病管理专员、家庭医生助理、健康促进专员、社区防疫专员等。

职业发展路径

初级阶段：能在专业医护人员指导下建档、测血压、协助活动、随访记录、整理信息，执行基础工作，熟悉流程。

高级阶段：能主导制订健康策略与干预方案，管理项目团队，评估效果并优化，整合多方资源，构建社区健康生态。

对应院校与专业参考
山东外事职业大学
康复治疗学专业
广西幼儿师范高等专科学校
社区康复专业

职业康复师
岗位职责：评估准备、信息采集、能力评估、等级评定。

具体岗位：职业康复师帮助残疾人恢复职业技能，帮助实现就业与经济独立，包括职业能力评估师、就业康复指导师、职业训练治疗师、职场适应训练师、职业重建专员等。

对应院校与专业参考
临沂大学
社会工作专业
南阳医学高等专科学校
康复治疗技术专业

职业发展路径

初级阶段：能评估残疾人的工作技能、身体功能及职业适应性，能指导残疾人进行职业技能训练，如电脑操作，联系企业开发适合残疾人的岗位，如客服。

高级阶段：为重度残疾人设计个人职业计划，如远程办公，能指导雇主优化工作环境，如轮椅通道、语音辅助设备。

志愿者培训师
岗位职责：策划和组织志愿者培训、建设志愿者培训学院、课程开发和讲师培训、团队建设和管理。

具体岗位：志愿者培训师培养培训志愿者，提升志愿者服务能力，助力志愿服务专业化，包括志愿者管理培训师、公益项目培训师、志愿服务讲师、志愿者能力建设师、应急志愿者培训师等。

职业发展路径

初级阶段：能开展志愿者入门基础课程，如服务礼仪，能组织志愿者小组活动，实时监督志愿者服务质量。

高级阶段：能设计专业化志愿者培训，如心理援助，能策划大型志愿项目，如灾后重建，能协调多方资源。

对应院校与专业参考
深圳大学
社会学专业
广西交通职业技术学院
公共事务管理专业

儿童福利院保育员

岗位职责：新生儿护理、婴幼儿常见病预防、婴幼儿常见病护理、婴幼儿早期教育。

具体岗位：儿童福利院保育员照顾孤残儿童生活，提供关爱与教育，帮助儿童健康成长，包括婴幼儿护理员、孤残儿童保育员、儿童生活指导员、特殊儿童护理员、儿童行为引导员等。

职业发展路径

初级阶段：熟悉婴幼儿及儿童的日常照护全流程，掌握海姆立克急救法、烫伤处理等应急技能，能预防和处理儿童常见意外伤害。

高级阶段：为残障等特殊儿童设计个性化护理方案，如感统训练，熟悉创伤后儿童心理干预方法，参与福利院儿童成长规划。

对应院校与专业参考

中华女子学院
学前教育专业
北京青年政治学院
婴幼儿托育服务与管理专业

艾滋病防治宣传员

岗位职责：开展宣传教育活动、制作和分发宣传材料、社区宣讲、信息反馈收集。

具体岗位：艾滋病防治宣传员宣传艾滋病防治知识，消除社会对艾滋病人的误解与偏见，包括防艾教育宣传员、艾滋病干预专员、高危人群宣教员、社区防艾宣传员、校园防艾讲师等。

对应院校与专业参考

首都医科大学
公共卫生事业管理专业
西安城市建设职业学院
健康管理与促进专业

职业发展路径

初级阶段：清楚艾滋病传播途径及预防措施，能进行基础宣传，如发放宣传手册，引导吸毒者、性工作者等高危群体接受检测。

高级阶段：能设计针对青少年、流动人口等特定群体的宣传方案，能推动医疗机构开展"检测即治疗"服务。

青少年司法社工

岗位职责：心理疏导与行为矫治、职业技能培训与就业安置、社会调查与评估、资料记录与分析。

具体岗位：青少年司法社工参与青少年司法案件处理，提供帮扶服务，帮助涉案青少年重新融入社会，包括司法社会工作者、少年司法社工、涉罪青少年社工、司法矫正社工、少年法庭社工等。

职业发展路径

初级阶段：协助开展涉罪未成年人社会调查，评估家庭结构、教育背景，能制订基础帮教计划，如公益服务，熟悉《中华人民共和国未成年人保护法》。

高级阶段：运用认知行为疗法（CBT）矫正青少年犯罪行为，设计"过渡基地"提供职业体验与技能培训，如咖啡馆。

对应院校与专业参考

华东政法大学
社会工作专业
湖南司法警官职业学院
司法社会工作专业

家庭医生
岗位职责：健康管理与评估、疾病预防与健康教育、慢性病管理、急性病的初诊与处理。

具体岗位： 家庭医生为人们提供连续、综合的医疗健康服务，包括全科家庭医生、社区家庭医生、签约家庭医生、老年家庭医生、儿童家庭医生等。

对应院校与专业参考

首都医科大学
全科医学专业

天津医学高等专科学校
临床医学专业

 职业发展路径

初级阶段： 掌握常见病、多发病的诊断与治疗，如高血压，能进行基础体格检查报告解读，建立居民健康档案，掌握心肺复苏（CPR）等基础急救技能。

高级阶段： 能为特殊人群制订精准健康干预方案，如孕产妇，会使用远程监测技术，如智能手环，能主导"家庭医生团队"（护士、康复师、社工）协作。

 **校园安全督导员**
岗位职责：巡逻校园、维护秩序、紧急情况处置、安全巡查记录。

具体岗位： 校园安全督导员维护校园安全秩序，排查安全隐患，保障师生生命安全，包括校园安全巡查员、安全保卫督导、校园风险管理员、安全设施检查员、应急演练指导员等。

 职业发展路径

初级阶段： 能进行消防设施、监控系统运行状态的日常检查，能组织学生应急演练，如火灾疏散，能处理校园打架、意外伤害事件。

高级阶段： 能设计校园安全风险评估模型，能引导学校符合《中华人民共和国安全生产法》《中华人民共和国未成年人保护法》要求，培训教师成为"安全第一响应人"。

对应院校与专业参考

中国人民公安大学
公共安全管理专业

湖南安全技术职业学院
安全技术与管理专业

社区矫正社工

岗位职责：提供住宿场所、提供就业和就学辅导、提供物质援助、提供生活辅导和医疗保健转介服务。

具体岗位：社区矫正社工协助社区矫正人员改造，帮助其融入社会，预防再犯罪，包括矫正帮教社工、矫正心理辅导员、矫正个案管理员、矫正就业指导师、矫正家庭服务社工等。

职业发展路径

初级阶段：能引导矫正对象入矫报到、日常监管，如定位核查，熟悉《中华人民共和国社区矫正法》，能疏导矫正对象情绪，能帮助矫正对象申请低保、就业培训等。

高级阶段：能运用认知行为疗法（CBT）矫正犯罪思维模式，会设计"人生回顾"疗法，能推动"过渡性就业基地"建设，如公益咖啡馆，提供职业技能培训。

对应院校与专业参考
中国政法大学
社会工作专业
广东司法警官职业学院
社会工作专业

红十字会急救培训师

岗位职责：培训与教学、宣传与合作、资源整合、项目执行。

具体岗位：红十字会急救培训师普及急救知识与技能，提高人们在紧急情况下的救援能力，包括急救培训讲师、灾难救护培训师、急救技能考核员、急救课程设计师、企业急救培训师等。

对应院校与专业参考
山东大学
公共卫生与预防医学专业
莱芜职业技术学院
护理学专业

职业发展路径

初级阶段：熟悉心肺复苏（CPR）、海姆立克急救法、创伤包扎等基础急救知识与技能，能使用人体模型演示AED（自动体外除颤仪）操作，能策划急救普及活动。

高级阶段：能设计针对特殊群体的专业急救培训，如消防员、登山爱好者，能引入虚拟现实（VR）技术模拟灾难救援场景。

就业援助专员

岗位职责：初步沟通、需求分析、精准匹配、简历优化、面试辅导。

具体岗位：就业援助专员为就业困难人员提供帮助，促进就业，包括职业介绍顾问、再就业指导师、失业人员帮扶员、就业政策咨询员、职业能力评估师等。

职业发展路径

初级阶段：能使用职业能力测评工具分析求职者优势，如霍兰德测试，能协助完成人岗匹配，能指导失业人员申请社保补贴，能进行基础的面试辅导。

高级阶段：能为特殊群体设计个性化就业方案，如刑满释放人员、协助推动企业"无障碍职场"改造，如远程办公，能开发"订单式培训"课程，如电商运营。

对应院校与专业参考
中国人民大学
社会工作专业
长沙民政职业技术学院
社会工作专业

失独家庭关怀员

岗位职责：心理疏导和支持、资源链接和社区支持网络、家庭关系协调、权益保障和政策倡导。

具体岗位：失独家庭关怀员关爱失独家庭，提供心理支持和帮助，缓解其生活困境，包括失独家庭社工、失独家庭关怀员、失独心理辅导员、失独家庭服务专员、失独关怀督导等。

职业发展路径

初级阶段：能疏导失独父母情绪，熟悉哀伤辅导的基本流程，能协助申请社会福利，能组织基础社交活动，如茶话会，能识别高危倾向并进行干预。

高级阶段：能运用叙事疗法帮助失独者生活信心重建，设计"互助养老"模式，能参与制定地方失独家庭保障政策。

对应院校与专业参考

华东师范大学
心理学专业
长沙民政职业技术学院
心理咨询专业

心理健康热线咨询员

岗位职责：保障安全、评估轻生风险、发掘资源、实施安全计划。

具体岗位：心理健康热线咨询员通过热线为求助者提供心理咨询服务，缓解心理危机，包括危机干预接线员、情感支持专员、心理援助热线员、轻生预防咨询员、热线服务督导等。

对应院校与专业参考

华东师范大学
应用心理学专业
长春师范高等专科学校
心理咨询专业

职业发展路径

初级阶段：能运用封闭式提问快速评估危机等级，如"您现在有轻生的想法吗？"使用"情感反映"技术稳定来电者情绪，如"听起来您很孤独，愿意多聊聊吗？"

高级阶段：能通过"即时化"技术，发现潜在心理冲突，如"您现在的声音在发抖，是否感到害怕？"运用认知行为疗法（CBT）干预焦虑，统计分析高频求助问题。

流浪乞讨救助员

岗位职责：精准识别对象、建立良好关系、精准识别需求、开展个案跟进。

具体岗位：流浪乞讨救助员通过救助流浪乞讨人员，为其提供基本生活保障和必要帮助，包括流浪人员社工、救助站工作人员、流浪乞讨劝导员、临时救助专员、流浪人员安置员等。

职业发展路径

初级阶段：懂得"非评判式沟通"，如"天气冷了，我们站里有热饭，要不要去休息一下？"能识别常见精神障碍症状，如幻听，能协助入站登记、临时食宿安排。

高级阶段：能运用"互联网+DNA比对"等科技手段精准定位，能提供职业技能培训，如保洁、园艺。

对应院校与专业参考

安徽大学
社会学专业
安徽警官职业学院
社会工作专业

社区老年大学讲师

岗位职责：课程教学、教学指导、课题研究、团队建设指导。

具体岗位： 社区老年大学讲师通过为老年人教授知识和技能，丰富老年人精神文化生活，包括老年教育讲师、银龄课堂教师、老年兴趣班老师、老年电脑讲师、老年教育督导等。

职业发展路径

初级阶段： 放大课件字体、简化操作步骤，设计防诈骗课程，采用"手把手教学"模式。

高级阶段： 开设"数字生活""健康管理"等系列课程，选拔学习能力强的老人成为"助教"，能联合医院、律所开展"健康+法律"综合服务。

 对应院校与专业参考
首都师范大学
社会工作专业
长沙民政职业技术学院
老年服务与管理专业

戒毒所心理辅导员

岗位职责：心理层面的教育与矫治工作、心理评估与咨询、教育与培训、服务流程管理。

具体岗位： 戒毒所心理辅导员为戒毒人员开展心理辅导，缓解心理问题，促进戒毒康复，包括戒毒心理矫治师、成瘾行为干预师、戒毒康复心理师、戒毒团体辅导师、戒毒个案心理师等。

职业发展路径

初级阶段： 使用标准化量表（如症状自评量表SCL-90）评估心理健康状况，进行初步心理教育，组织基础团体活动，如正念训练、情绪管理课程。

高级阶段： 运用认知行为疗法（CBT）等帮助矫正成瘾因素，制订个性化心理康复计划、协助戒毒人员重返社会并就业，协助修复戒毒人员与家人的信任关系。

 对应院校与专业参考
中国政法大学
心理学专业
湖南司法警官职业学院
心理咨询专业

农村留守儿童关爱员

岗位职责：心理关怀、生活指导、安全保障、社区联动。

具体岗位： 农村留守儿童关爱员是关注留守儿童生活学习，提供关爱帮扶，保障其健康成长，包括乡村儿童关爱员、留守儿童督导员、农村儿童之家管理员、留守儿童心理辅导师，乡村儿童活动专员等。

职业发展路径

初级阶段： 定期走访留守儿童家庭了解情况，进行课业辅导、兴趣活动，能开展防溺水、防诈骗、防校园暴力等安全知识。

高级阶段： 运用沙盘疗法、绘画治疗等专业进行干预，协助"爱心妈妈"结对帮扶机制，整合社会资源，如公益组织、企业赞助。

 对应院校与专业参考
湖南师范大学
社会工作专业
长沙民政职业技术学院
社会工作专业

残疾人体育教练

岗位职责：制订训练计划、技术指导、体能训练监督、心理辅导。

具体岗位：残疾人体育教练通过指导残疾人进行体育训练与康复，帮助其身心健康发展，包括轮椅篮球教练、盲人足球教练、残疾人游泳教练、残疾人田径教练、残疾人乒乓球教练等。

职业发展路径

初级阶段：掌握不同残疾类型的体育训练方法，如盲人门球、聋人篮球等，能设计基础体能训练计划，熟悉残疾人运动中的常见风险并进行应急处理。

高级阶段：能制订高水平残疾人运动员的专项训练计划，如冬残奥会越野滑雪，能设计融合性体育课程，能参与残疾人体育科研。

对应院校与专业参考
北京体育大学
运动康复专业
菏泽特殊教育职业学校
残疾人体育训练专业

企业员工援助师

岗位职责：提供心理咨询服务、组织心理健康活动、心理健康宣传与培训、心理疏导和危机干预。

具体岗位：企业员工援助师为员工提供心理与生活支持，缓解压力，包括员工心理援助师、职场心理顾问、企业心理培训师、员工危机干预师、职业心理健康师等。

职业发展路径

初级阶段：能处理员工常见的职场压力、情绪困扰等问题，熟悉EAP服务流程，能识别轻生倾向、职场暴力并进行干预，分析职场压力源，如工作负荷，了解《中华人民共和国劳动合同法》。

高级阶段：能运用认知行为疗法（CBT）处理复杂心理问题，如职业倦怠，能设计企业EAP项目，如心理健康筛查、管理层心理健康培训、员工援助计划推进。

对应院校与专业参考
中国人民大学
人力资源管理专业
北京社会管理职业学院
心理咨询专业

社区矛盾调解员

岗位职责：调解纠纷、法律宣传、协助司法行政、参与诉讼调解。

具体岗位：社区矛盾调解员调解社区内的矛盾纠纷，促进社区的和谐稳定，包括邻里纠纷调解员、家庭矛盾调解师、物业纠纷调解员、社区和谐促进员、社区议事协调员等。

职业发展路径

初级阶段：掌握"情、理、法"调解原则，能处理邻里纠纷、家庭矛盾等常见问题，能运用"先分再合"调解法，熟悉《中华人民共和国人民调解法》等相关条款，定期社区走访。

高级阶段：能运用传统文化促进矛盾化解，如"六尺巷"故事，能联动派出所、妇联等的"1+N"调解团队。

对应院校与专业参考
南京晓庄学院
社会工作专业
中山职业技术学院
社区管理与服务专业

妇幼保健医生

岗位职责：早孕登记与建册、高危孕产妇管理、健康教育与咨询、信息收集与上报。

具体岗位：妇幼保健医生保障妇女和儿童的健康，提供全面的医疗保健服务，包括儿保科医生、孕产妇保健医生、儿童保健医生、妇女病防治医生、妇幼健康管理师等。

职业发展路径

初级阶段：掌握孕产妇产前检查、新生儿护理、儿童疫苗接种等基础服务，能识别高危妊娠、新生儿黄疸等常见问题并进行干预引导，能开展科普宣传。

高级阶段：能为高危孕产妇、早产儿制订个性化健康管理方案，能联合产科、儿科、营养科对妇幼进行全面的服务。

对应院校与专业参考

广西医科大学
妇幼保健医学专业
湖北省妇幼保健院合作院校
临床医学专业

社区图书馆管理员

岗位职责：项目支持、活动支持、沟通协调、资源整合。

具体岗位：社区图书馆管理员管理社区图书资源，提供阅读服务，为社区居民营造学习氛围，包括社区图书管理员、阅读推广专员、读者服务专员、图书采编管理员、图书馆服务督导等。

职业发展路径

初级阶段：掌握图书分类、编码、上架流程，熟悉借阅系统，办理图书借还等业务，提供阅读推荐，维护图书馆环境。

高级阶段：组织读书会、科普讲座、亲子阅读活动，鼓励退休教师、文化工作者等参与图书馆志愿服务，建立电子阅览区，开展"全民阅读"等大型阅读项目活动。

对应院校与专业参考

武汉大学
图书馆学专业
上海出版印刷高等专科学校
图书档案管理专业

职业院校实训导师
岗位职责：实训计划与管理、教学与指导、评估与反馈、设备管理与维护。

具体岗位：职业院校实训导师指导职业院校学生实践操作，培养学生职业技能，包括数控实训导师、汽修实训导师、电工电子实训师、焊接实训导师、烹饪实训导师等。

职业发展路径

初级阶段：掌握基础操作技能，如焊接，能指导学生完成实训任务，熟悉实训设备安全操作规程，如数控机床，维持实训课堂秩序。

高级阶段：创新实训项目，如五轴加工，运用"五步教学法"，如理论讲解→示范操作→学生练习→纠错指导→综合考核，能与企业合作"工学交替"培养。

对应院校与专业参考

南京工业职业技术大学
电子信息工程等专业
重庆科创职业学院
工业机器人技术专业

公益传播专员
岗位职责：品牌传播策略制订、内容创作与活动组织、媒体与合作伙伴管理、数据分析与优化。

具体岗位：公益传播专员传播公益信息，提升公益活动影响力，吸引社会参与，包括公益品牌传播专员、新媒体传播专员、公益项目宣传员、慈善传播策划、公益视频制作人等。

对应院校与专业参考

山西传媒学院
传播与策划专业
重庆传媒职业学院
新闻采编与制作专业

职业发展路径

初级阶段：撰写公益推文、设计宣传海报，管理社交媒体账号，如微信公众号，定期发布公益内容，组织线下募捐、义卖活动。

高级阶段：制订公益品牌传播方案，分析传播效果，如阅读量、转化率。

公共卫生流行病调查员
岗位职责：数据收集与管理、数据分析与解读、研究设计与实施、疾病监测。

具体岗位：公共卫生流行病调查员调查和追踪传染病等公共卫生事件，为防控策略提供依据，包括现场流调员、传染病防控调查员、疫情数据分析员、突发公卫事件调查员、疾病监测专员等。

职业发展路径

初级阶段：掌握传染病基本知识，如传播途径，熟悉防护服穿脱、消毒流程，录入流调数据，生成初步统计报告。

高级阶段：运用空间流行病学方法识别疫情高发区域和传播热点，处理突发公卫事件，如食物中毒，能联合有关部门开展密接追踪。

对应院校与专业参考

广西医科大学
公共卫生与预防医学专业
安徽医学高等专科学校
预防医学专业

青少年编程教育讲师

岗位职责：课程教学、学生指导、课程研发、家校沟通。

具体岗位： 青少年编程教育讲师通过培养青少年编程兴趣与技能，从而推动教育创新，包括编程教育讲师、课程研发专员、竞赛培训教练、教学督导、教育产品顾问等。

职业发展路径

初级阶段： 教 Scratch 编程，指导青少年学员制作小游戏，培养逻辑思维。

高级阶段： 指导 Python、AI 项目，如机器人编程，能指导国际科创比赛。

对应院校与专业参考

华东师范大学
计算机科学与技术专业

南京工业职业技术大学
计算机应用技术专业

健康管理师

岗位职责：健康评估、营养指导、制订方案、健康知识传播。

具体岗位： 健康管理师通过监测、评估和指导人们的健康，从而提升全民健康素养，包括健康管理师、营养指导顾问、运动处方师、慢性病管理专员、健康数据分析师等。

对应院校与专业参考

四川大学
健康服务与管理专业

湖北职业技术学院
健康管理专业

职业发展路径

初级阶段： 制订基础的营养搭配餐单，给客户提供简单健康建议。

高级阶段： 会分析体检报告，制订个性化健康计划，帮助预防慢性病，如糖尿病。

会展活动策划师

岗位职责：项目策划与实施、团队管理与协调、成本与预算管理、客户沟通与销售。

具体岗位： 会展活动策划师通过精心策划各类会展活动，从而推动行业发展，包括会展策划总监、活动执行经理、展台设计师、客户经理、现场运营主管等。

职业发展路径

初级阶段： 学习活动流程设计，布置展台，能协调供应商，如灯光音响。

高级阶段： 策划大型展会，能运用 AR 或 VR 技术吸引观众，能分析客流数据优化体验。

对应院校与专业参考

海南大学
会展经济与管理专业

郑州旅游职业学院
会展策划与管理专业

第五章 企业型（E）职业

企业型职业从业者通常擅长组织管理，注重目标达成和资源整合。这类人通常决策果断、领导力强，善于把握商业机会和团队协作，适合从事经营管理或战略规划类工作，如总经理、项目经理、市场总监等。

企业总经理

岗位职责：合理调整资源达成生产计划，生产效率提升、产品品质管控，管理下属员工的考核及培训，及时处理生产异常并反馈追踪结果。

具体岗位：企业总经理负责公司的日常运营管理，监督和管理各部门的工作，确保公司的各项政策和程序得到有效执行，包括综合管理总经理、生产企业总经理、分公司总经理等。

职业发展路径

初级阶段：负责公司日常运营管理和业务拓展，具备一定的决策能力和团队协调能力，对公司的经营状况有一定了解和掌握。

高级阶段：具备高度的战略规划和决策能力，能够对公司的长远发展做出正确的判断和决策，对公司的整体运营具有全面的把握。

对应院校与专业参考
浙江大学
工商管理专业
国家开放大学江西分部
工商企业管理专业

市场营销总监

岗位职责：负责公司产品的市场调研及竞争对手分析，收集竞品信息并反馈给上级，提出改进意见。

具体岗位：市场营销总监聚焦市场拓展与品牌推广策略制订，包括市场推广营销总监、医院品牌市场营销总监、教育行业市场推广总监等。

对应院校与专业参考
北京大学
市场营销专业
北京财贸职业学院
市场营销专业

职业发展路径

初级阶段：协助策划线上线下品牌活动，如社交媒体内容制作、小型推广活动落地。

高级阶段：规划品牌资产长期建设路径，推动品牌创新与危机管理，协调高层资源，确保市场战略与企业整体战略（如产品、财务）协同一致。

金融投资顾问

岗位职责：根据客户财务目标与风险承受力，设计资产配置方案，精准评估投资组合风险，确保风险匹配，并动态监控调整策略。

具体岗位：金融投资顾问负责公司新客户的开发、老客户的维护工作，通过电脑、手机、微信、微博等自媒体手段宣传推广公司产品。主要包括金融投资顾问、资产配置顾问、财富管理投资顾问等。

职业发展路径

初级阶段：参与客户风险评估流程，收集并整理财务数据，协助生成初步风险报告。

高级阶段：设计跨市场多资产类别的动态资产配置策略。维护高净值客户关系，提供税务规划、家族财富传承等增值服务。

对应院校与专业参考
中央财经大学
金融学专业
重庆财经职业学院
金融管理专业

人力资源经理

岗位职责： 对招聘工作进行统筹管理，制订招聘策略、开拓招聘渠道与维护。

具体岗位： 人力资源经理负责根据公司各部门岗位需求状况和人力资源规划，执行具体的招聘计划。包括招聘主管、培训经理、薪酬绩效经理等。

职业发展路径

初级阶段：独立负责单一模块的系统化设计，如搭建校园招聘流程、优化岗位胜任力模型，设计部门级绩效考核方案。

高级阶段：深度参与业务决策，主导企业人才战略与组织发展，设计薪酬绩效体系，推动文化变革与领导力建设，优化人力资本效能，支撑战略目标实现。

对应院校与专业参考

北京大学
人力资源管理专业
山东管理学院
人力资源管理专业

连锁餐饮区域经理

岗位职责： 确保所负责区域门店有优秀的QSC（品质、服务、清洁）呈现，管理区域门店的利润，落实公司规章制度和流程，食品安全及危机事件处理。

具体岗位： 连锁餐饮区域经理负责管理商家订货，传达客户需求和公司制度政策，提升商家在人员、物料等方面的管理能力，制订区域营销策略，包括火锅类区域经理、快餐类区域经理、中式快捷连锁类区域经理等。

对应院校与专业参考

新疆职业大学
连锁经营与管理专业
河南应用技术职业学院
连锁经营与管理专业

职业发展路径

初级阶段：学习基础团队管理，包括排班调度、员工培训及绩效激励。

高级阶段：制订区域发展战略，优化门店布局（如商圈分析、竞对调研）。主导供应链资源整合（供应商谈判、物流效率提升）和品牌本地化推广。

电子商务平台运营官

岗位职责： 负责制订企业电商战略和目标规划，统筹商品全生命周期管理。主导市场分析、竞争品牌动态跟踪及跨部门资源协调。

具体岗位： 电子商务平台运营官负责电商平台的整体运营和管理，以确保线上销售目标的达成和用户数量的增长，包括电商运营总监、商品运营经理、用户增长运营专员等。

职业发展路径

初级阶段：负责线上店铺日常运营，包括商品上下架、活动提报、基础推广（如SEO优化、简单直通车投放）。

高级阶段：统筹全渠道（电商平台+私域）运营，制订年度预算与资源分配方案，管理团队KPI。

对应院校与专业参考

浙江大学
电子商务专业
上海商学院
电子商务专业

房地产项目总监

岗位职责： 负责房地产项目的策划工作，组织编制并审核可行性研究报告及设计文件。

具体岗位： 房地产项目总监全面负责项目经营、运营工作，重点管控项目开发全过程的成本、质量、进度、安全和项目营销、财务等工作，包括房地产项目开发总监、房地产项目总监（综合运营管理方向）、房地产项目总监（营销管理方向）等。

职业发展路径

初级阶段： 负责单一项目的土地开发前期手续（如规划报批、施工许可）、协调设计院与施工单位、监控工程进度与成本以及基础团队管理。

高级阶段： 主导中型项目的全周期管控，统筹多部门协作，优化资源配置，解决复杂问题（如合规风险、成本超支）。

对应院校与专业参考

重庆大学
房地产开发与管理专业

重庆工商职业学院
建设工程管理专业

供应链物流经理

岗位职责： 负责仓储营运，执行值班流程，确保仓储作业标准化，完成定期盘点工作，进行货物差异分析并制订改善计划，成本优化管理。

具体岗位： 供应链物流经理需要跟进流程与标准建设、日常营运管理、库区规划与管理，包括仓储物流经理、物流经理、仓配经理等。

对应院校与专业参考

中央财经大学
供应链管理专业

深圳职业技术学院
现代物流管理专业

职业发展路径

初级阶段： 协助仓储主管或物流主管进行团队管理、库存周期分析及成本核算。

高级阶段： 统筹仓储配送网络布局，制订全链路降本策略（如多仓协同、自动化设备投入 ROI 分析）。

国际贸易经理

岗位职责： 根据公司的发展战略和市场需求，制订国际贸易战略和计划。需要深入了解国际市场的趋势和动态，为公司提供有效的贸易政策建议。

具体岗位： 国际贸易经理主要负责开拓海外市场、管理贸易合同和交易、监督物流和采购，包括国际贸易战略规划经理、海外市场开拓经理等。

职业发展路径

初级阶段： 处理跨境物流单据、协调海关事务、规避基础关税风险（如 HS 编码归类、原产地规则应用）。

高级阶段： 制订企业全球合规管理体系，应对多司法辖区监管冲突，为企业全球化布局提供合规战略支持。

对应院校与专业参考

对外经济贸易大学
国际经济与贸易专业

深圳职业技术学院
国际商务专业

 **上市公司董事会秘书**

岗位职责：组织投资者调研与路演活动、维护与拓展机构投资者的长期关系、解答投资者咨询（如电话、网络互动平台）、监测股东结构变动及异常交易。

具体岗位：上市公司董事会秘书负责日常披露、合规监督与报告、文件保管、活动组织与安排，包括投资者关系管理（IRM）岗、合规与法务支持岗、资本市场对接岗、战略与内控支持岗等。

职业发展路径

初级阶段：基础业务执行，如跨境贸易合同审核、报关报检流程跟进、关税计算与申报等。

高级阶段：统筹企业全球关税政策应对体系，设计跨境合作长期战略，参与政府贸易磋商，推动行业关税政策优化。

 对应院校与专业参考
广东财经大学
会计学院（董事会秘书微专业）
深圳职业技术学院
金融服务与管理专业

 **网红经纪公司首席执行官**

岗位职责：主要负责达人发掘与签约、达人发展规划与运营、内外部沟通对接、问题处理与危机公关等。

具体岗位：网红经纪公司首席执行官负责达人孵化、商业变现策划、综合管理与战略规划。包括首席执行官（CEO）、网红经纪人、达人孵化专员、商业变现策划专员等。

 对应院校与专业参考
中国传媒大学
网络与新媒体专业
上海邦德职业技术学院
经纪与营销

职业发展路径

初级阶段：行业认知与基础资源积累，主导素人挖掘流程，包括线上平台搜索、线下活动拓展，建立初期达人资源库。

高级阶段：生态布局与行业影响力构建，布局东南亚、欧美市场，搭建多语种招募团队，建立海外达人营销网络，服务国内品牌出海需求。

 **新能源项目开发经理**

岗位职责：负责跟踪、管理所负责区域的新能源项目开发和管理工作，制订并实施新能源项目开发计划和策略，完成项目可行性分析及投资预算等工作。

具体岗位：新能源项目开发经理主要负责新能源项目开发与管理、市场调研与分析、技术支持与评估，包括光伏项目开发经理等。

职业发展路径

初级阶段：掌握风能/光伏资源评估方法、电网接入条件分析。

高级阶段：基于行业趋势制订区域开发策略，评估新兴技术投资价值。建立政府、电网、EPC承包商等核心资源网络，推动项目快速落地。

对应院校与专业参考
西安交通大学
新能源科学与工程专业
保定电力职业技术学院
风力发电工程技术专业

教育培训机构校长

岗位职责：制订并实施校区的销售年度、季度、月度计划，课程体系优化管理、校区扩张规划与实施。

具体岗位：教育培训机构校长需要负责全面管理与运营，课程体系的构建与优化，校区扩张与品牌推广，包括课程设计师、学科专家、教学主管、校长等。

职业发展路径

初级阶段：执行总部制订的教学计划，管理教务排课、师资培训及学生档案管理，确保教学质量。

高级阶段：制订校区扩张战略，建立选址评估模型。搭建总部支持体系，建立跨校区的协同工作机制。

对应院校与专业参考

北京师范大学
教育学专业

华东师范大学
教育经济与管理专业

医疗集团运营总监

岗位职责：建立医疗安全体系，监督临床路径执行与诊疗规范，主导医疗纠纷处理，完善风险预警机制。

具体岗位：医疗集团运营总监需要依据集团战略，组织制订涵盖医院资源整合与服务质量提升的运营计划，包括医疗集团运营总监、医院运营经理、医疗质量管理总监等。

对应院校与专业参考

中国人民大学
公共事业管理
（医疗健康管理方向）

上海健康医学院
医疗服务管理

职业发展路径

初级阶段：负责单一医院或多院区的运营统筹，制订标准化服务流程，推动院内资源整合。

高级阶段：主导集团化资源整合，包括跨区域医院网络协同（如分级诊疗体系）、供应链集中采购、医疗数据平台建设等，提升整体运营效率。

区块链合规顾问

岗位职责：法律合规审查与指导、风险防控与预警、法律纠纷处理与应对。

具体岗位：区块链合规顾问的主要工作是政策法规研究与解读，合规性评估与风险管理等。主要包括区块链法务顾问、合规审查专员、政策研究分析师、合规培训讲师等。

职业发展路径

初级阶段：协助收集国内外加密货币监管政策（如 AML 反洗钱、KYC 用户身份认证），整理法规动态，参与基础合规检查及报告撰写。

高级阶段：为多家企业提供定制化合规服务，按项目或长期合作收费。加入国际组织（如 FATF、区块链协会）推动行业标准建立，影响全球监管趋势。

对应院校与专业参考

中国人民大学
区块链工程专业

河北软件职业技术学院
区块链技术应用专业

风险投资合伙人

岗位职责： 需要拟定投资方向，深入进行行业研究，利用各类渠道发掘符合公司价值理念的投资机会，投后管理与价值提升。

具体岗位： 风险投资合伙人筛选投资机会，负责项目立项，对项目的数据整理及投资价值与风险进行初步评估。包括投资经理、行业研究员、投资合伙人、投后管理人等。

 职业发展路径

初级阶段： 负责行业研究、数据建模、初筛项目，参与尽职调查中的财务与市场分析。需掌握基础的财务分析工具（如 DCF 模型）和行业趋势判断能力。

高级阶段： 主导细分赛道的投资策略，搭建行业资源网络。通过董事会席位介入被投企业战略决策，协助引入关键人才或客户资源，推动企业估值提升。

对应院校与专业参考

上海财经大学
投资学专业

上海立信会计金融学院
投资与理财专业

智能制造工厂厂长

岗位职责： 负责智能制造工厂的整体规划与设计，组织制订并落实工厂生产计划及年度生产目标达成计划，推动制造过程优化措施的实施，以提升生产效率和产品质量。

具体岗位： 智能制造工厂厂长主要负责生产规划与管理，生产效率提升，设备与技术管理等工作，包括智能制造工厂厂长、智能制造负责人（自动化方向）等。

 职业发展路径

初级阶段： 主导单条产线的效率优化项目，或引入传感器技术实现设备状态实时监测，管理基层技术团队，制订标准化操作流程。

高级阶段： 规划全厂级智能制造蓝图，推动数字孪生、AI 预测性维护等技术的规模化部署，主导供应链协同优化，通过工业互联网平台实现上下游数据互通。

对应院校与专业参考

哈尔滨工业大学
自动化类专业

常州机电职业技术学院
智能制造装备技术专业

政府采购招标经理

岗位职责： 包括前期准备、协调、标书制作、竞标策略设计及项目完成后续的跟进管理等。

具体岗位： 政府采购招标经理负责招标项目工作的前期准备、协调、标书制作及项目完成后续的跟进管理，主要包括招标采购经理、招标项目经理（政府采购方向）、招标采购员等。

职业发展路径

初级阶段： 负责政府采购招标文件的初步编制，需熟练掌握政采云系统操作。在上级指导下参与小型项目谈判，学习成本分析与价格议价技巧。

高级阶段： 主导大型政府采购项目的竞标策略制订，主导高价值合同谈判，设计有利条款并建立供应商风险预警机制。

对应院校与专业参考

陕西财经职业技术学院
政府采购管理专业

江苏财经职业技术学院
政府采购管理专业

文化旅游景区总经理

岗位职责： 研究市场需求，设计旅游线路、主题活动及沉浸式体验项目，制订营销策略。

具体岗位： 文化旅游景区总经理负责景区的日常运营，确保景区的正常运转和高效运作。主要包括市场分析专员与产品策划专员、开发战略规划经理等。

对应院校与专业参考

中山大学
旅游管理专业

上海旅游高等专科学校
旅游管理专业

职业发展路径

初级阶段： 参与景区项目开发全流程，主导游客动线设计、服务设施布局等体验优化工作。

高级阶段： 制订区域文旅产业战略规划，推动文旅IP孵化及品牌全球化布局，创新商业模式，主导智慧旅游系统建设及沉浸式体验产品研发。

会计师事务所合伙人

岗位职责： 负责制订事务所的市场拓展策略和计划，分析市场趋势和客户需求，寻找潜在客户和业务机会。

具体岗位： 会计师事务所合伙人需要负责拓展事务所的业务，寻找新的客户，开发新的服务产品，职位包括审计项目负责人、市场拓展经理、客户关系管理专员等。

职业发展路径

初级阶段： 参与审计项目基础工作，如数据整理、底稿编制、财务分析等，积累实务经验。

高级阶段： 主导大型复杂审计项目（如IPO审计），制订审计策略，把控风险与合规性。

对应院校与专业参考

上海对外经贸大学
审计学（注册会计师方向）

长春金融高等专科学校
会计审计类专业

科技孵化器首席执行官
岗位职责：制订并完善孵化体系、项目管理与执行、业务解决问题、监控与反馈。

具体岗位：科技孵化器首席执行官通过资源整合，从而推动社会科技创新和产业升级，包括首席执行官（CEO）、首席运营官（COO）、首席技术官（CTO）、孵化经理、投资经理等。

职业发展路径
初级阶段：了解创业公司基本需求，能组织路演活动，掌握投融资基础知识。

高级阶段：能构建创业生态系统，能运用 AI 筛选优质项目，设计股权激励机制，对接国际创投资源。

对应院校与专业参考
上海交通大学
工商管理专业
苏州工业园区职业技术学院
科技企业孵化与运营专业

零售连锁采购总监
岗位职责：战略规划与执行、系统设计与改善、库存与物料管理、准时交货。

具体岗位：零售连锁采购总监通过优化供应链效率，从而保障商品质量与成本，包括采购专员、供应商开发经理、品类经理、供应链经理、采购数据分析师等。

对应院校与专业参考
南京财经大学
采购与供应链管理专业
北京财贸职业学院
连锁经营与管理专业

职业发展路径
初级阶段：执行采购订单与合同，跟进物流到货，核验商品质量与票据，维护供应商基础数据，协助库存分析及促销备货。

高级阶段：制订全域商品战略，主导供应链整合与成本优化，构建零供协同生态，管控全渠道库存与风险，驱动业绩增长及毛利提升。

影视制片人
岗位职责：管理和协调、艺术创作与行政管理、后期制作监督、法律和财务文件处理。

具体岗位：影视制片人通过统筹创作与分析市场，潜移默化传递文化价值，包括执行制片人、联合制片人、制片主任、制片助理、外联制片等。

职业发展路径
初级阶段：协调拍摄档期，管理剧组日常开支。

高级阶段：策划 IP 全产业链开发，运用虚拟制片技术，统筹跨国合拍项目。

对应院校与专业参考
中国传媒大学
影视制片管理专业
浙江传媒学院
影视编导专业

 **酒店集团区域总经理**

岗位职责：战略规划与目标制订、运营监督与品质保障、重大决策与资源调配、客户关系维护。

具体岗位： 酒店集团区域总经理通过提供优质服务，塑造品牌形象从而促进区域旅游发展，包括区域总经理、酒店总经理、运营总监、前厅经理、客房部经理等。

职业发展路径
初级阶段： 掌握前台接待标准流程，分析客房入住率。

高级阶段： 熟悉收益管理系统，打造智慧酒店生态，策划主题化服务体验项目。

 对应院校与专业参考

北京第二外国语学院
酒店管理专业

南京旅游职业学院
酒店管理专业

 **农业合作社理事长**

岗位职责：制订采购计划和预算、质量控制和质量保证、采购流程和系统管理、合同管理和执行。

具体岗位： 农业合作社理事长通过推动农业现代化，从而增加农民收入和促进乡村振兴，包括农业合作社理事长、理事、监事长、生产经理、销售经理、采购经理等。

 对应院校与专业参考

青岛农业大学
农业经济管理专业

黑龙江农业工程职业学院
农村合作经济管理专业

职业发展路径
初级阶段： 组织农户生产技术培训，管理农产品加工。

高级阶段： 建立农产品溯源系统，开发电商直播渠道，准确对接农业科技示范基地。

 **汽车 4S 店总经理**

岗位职责：制订销售战略规划、内部组织管理、销售渠道管理、加强客户管理。

具体岗位： 汽车 4S 店总经理通过强化销售服务网络，从而提升客户体验感和品牌归属感，包括汽车 4S 店总经理、销售经理、售后经理、市场经理、财务经理、客服经理等。

职业发展路径
初级阶段： 了解汽车销售流程，制订基础促销方案。

高级阶段： 构建客户生命周期管理体系，实施数字化展厅，自主优化新能源车售后服务标准。

对应院校与专业参考

同济大学
汽车服务工程专业

山西工程科技职业大学
汽车服务工程技术专业

知识产权代理机构负责人
岗位职责： 全面管理和创新、项目和团队管理、团队培训和发展、协调和资源管理。

具体岗位： 知识产权代理机构负责人通过专业服务来保护创新成果，包括专利代理部经理、商标代理部经理、法律事务部经理、流程管理专员、知识产权顾问等。

职业发展路径

初级阶段： 熟悉商标或专利基础流程，熟练进行查重和填申请表，熟悉《中华人民共和国著作权法》简单条款。

高级阶段： 能制订企业 IP 战略，处理跨国专利纠纷，运用大数据分析侵权风险。

对应院校与专业参考
华东政法大学
知识产权专业
广东轻工职业技术学院
法律事务专业

快消品渠道经理
岗位职责： 市场和销售管理、渠道开发与维护、客户关系管理、策略执行与优化。

具体岗位： 快消品渠道经理通过优化分销网络，从而助力产品走进市场，包括渠道销售总监、KA 经理（重点客户经理）、分销经理、区域销售经理、零售渠道经理等。

对应院校与专业参考
北京物资学院
供应链管理专业
武汉职业技术学院
市场营销专业

职业发展路径

初级阶段： 熟悉超市、便利店等零售渠道，制订简单的促销方案，了解经销商管理，分析竞品动态。

高级阶段： 制订全国渠道战略，优化供应链效率，掌握大数据分析精准铺货，谈判 KA 客户，如沃尔玛、家乐福。

环保科技公司市场总监
岗位职责： 市场调研与分析、市场战略规划、营销活动策划与执行、客户关系管理。

具体岗位： 环保科技公司市场总监通过传播绿色发展理念，从而推动低碳技术发展，包括市场总监、品牌经理、数字营销经理、渠道销售经理、市场策划专员等。

职业发展路径

初级阶段： 能讲清碳中和概念，能策划垃圾分类宣传活动，能用 PPT 展示环保数据。

高级阶段： 能设计碳交易推广方案，能对接政府绿色补贴政策。

对应院校与专业参考
中国农业大学
环境工程专业
长沙环境保护职业技术学院
环境规划与管理专业

体育赛事运营总监

岗位职责：赛事策划与组织、合作伙伴关系建立、财务管理、安全管理与应急预案。

具体岗位：体育赛事运营总监通过整合资源打造品牌赛事，引导全民健身，包括体育赛事运营总监、赛事策划经理、场馆运营经理、招商赞助经理、媒体公关经理、赛事执行主管等。

职业发展路径

初级阶段：协调场馆档期，设计门票分级方案，能管理志愿者团队。

高级阶段：能处理顶级IP赛事授权，能运用VR直播技术，能开发赛事衍生品。

对应院校与专业参考

青岛科技大学
体育赛事运营专业
潍坊职业学院
体育运营与管理专业

跨境电商平台首席执行官

岗位职责：产品与市场策略、客户管理与业务追踪、数据分析与优化、团队管理与培养。

具体岗位：跨境电商平台首席执行官（CEO）通过推动国际贸易便利化，帮助中国企业在全球布局，包括首席运营官（COO）、首席技术官（CTO）、供应链总监、海外市场总监、平台运营经理等。

对应院校与专业参考

上海交通大学
国际商务专业
义乌工商职业技术学院
跨境电商专业

职业发展路径

初级阶段：了解境外电商开店规则，会用ERP管理库存，懂基础国际物流。

高级阶段：能制订平台全球化策略，清楚跨境直播和社交电商的规则和运营模式，能预测汇率波动风险。

高端定制旅游策划师
岗位职责：项目管理、研究与开发、市场开拓、创意与策划。

具体岗位：高端定制旅游策划师通过设计个性化旅行方案，从而提升社会文旅服务质量，包括旅游策划总监、高端旅游定制师、行程规划师、客户体验经理、私人旅行顾问等。

职业发展路径

初级阶段：熟悉全球签证政策，能设计海岛或滑雪主题路线，能管理 VIP 接送机。

高级阶段：能策划私人博物馆夜游等稀缺体验，能整合游艇或直升机资源。

对应院校与专业参考
中山大学
旅游管理专业
珠海城市职业技术学院
定制旅行管理与服务专业

大数据营销公司总经理
岗位职责：体系建设与执行、目标管理、客户与公共关系管理、信息数据管理。

具体岗位：大数据营销公司总经理通过利用数据洞察优化营销策略，从而提升品牌在市场的影响力，包括总经理、数据技术总监、营销策略总监、客户总监、数据分析经理等。

对应院校与专业参考
上海交通大学
数据科学与大数据技术专业
杭州职业技术学院
电子商务专业

职业发展路径

初级阶段：能用 Excel 分析用户画像，能操作朋友圈广告后台，能写简单投放计划。

高级阶段：能搭建 AI 精准营销模型，能预测消费趋势，能主导千万级预算分配。

智慧城市项目总指挥
岗位职责：需求分析、技术交流与方案设计、团队协作与项目管理、风险管理。

具体岗位：智慧城市项目总指挥通过统筹数字化治理，从而提升城市运行效率，包括智慧城市项目总指挥、智慧城市解决方案架构师、技术研发总监、政府关系总监、大数据平台经理、物联网技术经理等。

职业发展路径

初级阶段：了解物联网（IoT）传感器部署，能协调市政部门数据共享，熟悉智慧交通、安防系统基础。

高级阶段：能主导 AI 城市大脑建设，能整合 5G+区块链数据平台，能制订智慧能源、数字孪生（虚拟城市）战略。

对应院校与专业参考
同济大学
智慧城市科学与技术专业
重庆电子工程职业学院
智能城市管理技术专业

文化传媒集团首席执行官

岗位职责：制订内容策略、管理内容团队、全流程参与、监督项目。

具体岗位：文化传媒集团首席执行官通过引领文化传播与交流，从而推动文化产业繁荣发展，包括首席执行官（CEO）、内容制作总监、影视制片人、品牌营销总监、艺人经纪总监、新媒体运营总监等。

职业发展路径

初级阶段：能策划短视频、直播内容，能管理 KOL 合作，会分析用户流量数据。

高级阶段：能制订全媒体矩阵战略，并购影视或音乐 IP，运作国际版权交易，能打造元宇宙（虚拟世界）娱乐生态。

对应院校与专业参考

中国传媒大学
文化产业管理专业

湖南大众传媒职业技术学院
文化市场经营管理专业

医药销售大区经理

岗位职责：市场开发与客户维护、销售计划与团队管理、市场分析与策略制订、执行与监督。

具体岗位：医药销售大区经理通过拓展医药产品销售渠道，保障药品供应，包括大区销售总监、区域销售经理、医院客户经理、零售渠道经理、政府事务经理等。

对应院校与专业参考

沈阳药科大学
市场营销专业

重庆能源职业学院
药品营销与管理专业

职业发展路径

初级阶段：执行区域销售策略，管理区域内销售代表日常拜访与协访，监控终端指标达成，处理基础市场问题，确保合规落地与客户档案更新。

高级阶段：能制订区域战略规划，整合跨部门资源，优化市场准入与渠道生态，打造高效能团队，驱动创新业务增长与份额突破。

智能制造产业园区首席执行官

岗位职责：战略规划与实施、解决方案设计、项目管理、技术研究与更新。

具体岗位：智能制造产业园区首席执行官通过推动智能制造产业集聚，从而带动区域经济高质量发展，包括首席执行官（CEO）、智能制造技术总监、供应链管理总监、园区运营总经理、自动化生产经理等。

职业发展路径

初级阶段：了解自动化生产线管理，能协调企业入驻政策，能优化物流仓储效率。

高级阶段：能主导工业 4.0（智能工厂）升级，能引入机器人集群，打造绿色低碳园区，对接全球供应链。

对应院校与专业参考

上海交通大学
工业工程专业

深圳职业技术学院
智能制造装备技术专业

社交媒体运营总监
岗位职责： 宣传方案策划与执行、项目策划与管理、新媒体平台维护、内容策划与执行。

具体岗位： 社交媒体运营总监通过管理社交媒体平台运营，从而促进信息高效传播，提升品牌影响力与用户粘性，包括社交媒体运营总监、内容运营经理、用户增长经理、品牌营销经理、数据分析经理、新媒体策划经理等。

职业发展路径

初级阶段： 能写爆款文案，能管理粉丝互动，能分析点赞或转发数据。

高级阶段： 能制订全域营销策略，能运用AIGC（AI生成内容），能处理舆情危机。

对应院校与专业参考
中国传媒大学
网络与新媒体专业
武汉职业技术学院
新媒体运营专业

航空物流公司总经理
岗位职责： 市场研究与开发、航班调度与优化、成本控制与效益评估、数据分析。

具体岗位： 航空物流公司总经理通过保障航空物流高效运作，从而促进国际贸易与经济交流，包括总经理、商务主管、公关主管、经营管理主管、航线规划经理等。

对应院校与专业参考
北京航空航天大学
物流管理专业
广州民航职业技术学院
航空物流管理专业

职业发展路径

初级阶段： 熟悉空运货机调度，能管理机场仓储，能优化配送路线从而减少成本。

高级阶段： 能布局全球航空货运网络，能引入无人机配送，能运用AI预测货运需求，能谈判国际航线合作。

奢侈品品牌中国区总裁
岗位职责： 客户服务与管理、客户投诉与危机处理、客户信息管理、营销策略与关系维护。

具体岗位： 奢侈品品牌中国区总裁通过拓展奢侈品市场，从而引领高端消费文化发展，包括零售运营总监、市场营销总监、品牌公关总监、电商运营总监、VIP客户关系总监等。

职业发展路径

初级阶段： 了解奢侈品品牌历史和文化，能策划线下快闪店活动，掌握VIP客户维护技巧，熟悉小红书或微信营销。

高级阶段： 能制订中国区品牌本土化战略，能运作明星联名限量款，能管理数字化CRM系统，能预测Z世代消费趋势。

对应院校与专业参考
对外经济贸易大学
国际商务专业
上海工艺美术职业学院
奢侈品营销与管理专业

 乡村振兴项目负责人

岗位职责：战略规划与执行、市场分析与洞察、项目管理、资源调配。

具体岗位：乡村振兴项目负责人通过主导乡村发展建设，从而推动农村产业兴旺，包括农业产业规划经理、农产品加工运营经理、文旅项目开发经理、供应链管理经理、生态环保项目经理等。

职业发展路径

初级阶段：能组织农产品直播带货，能策划乡村文旅活动，能管理扶贫资金使用，能协调政府或企业合作。

高级阶段：能设计田园综合体规划，能打造地理标志品牌，会运作碳汇交易项目，能引入智慧农业物联网。

对应院校与专业参考

中国农业大学
农村区域发展专业
江苏农林职业技术学院
农村经营管理专业

 人工智能产品经理

岗位职责：技术研究与应用、需求分析与方案设计、模型训练与优化、项目协调与执行。

具体岗位：人工智能产品经理通过推动人工智能产品创新与落地，从而提升人们的生活质量，包括AI算法工程师、产品运营经理、用户体验设计师、市场调研分析师、机器学习工程师等。

对应院校与专业参考

浙江大学
计算机科学与技术专业
深圳信息职业技术学院
人工智能技术应用专业

职业发展路径

初级阶段：了解机器学习基础概念，能写产品需求文档，能设计简单APP交互，能分析用户行为数据。

高级阶段：能制订AI产品商业化路径，能主导大模型应用开发，能设计算法伦理框架，能对接投融资需求。

 保险精算师事务所合伙人

岗位职责：审查财务报表和内部控制、识别财务风险、制订和监督审计计划、团队管理与指导。

具体岗位：保险精算师事务所合伙人通过精算技术为保险产品定价、风险评估等，从而保障保险行业稳健发展，包括管理合伙人、风险管理合伙人、财务精算师、数据建模专家、保险产品开发经理、合规与审计合伙人等。

职业发展路径

初级阶段：掌握保险产品定价原理，能使用精算软件，能分析死亡率或发病率数据，熟悉监管政策。

高级阶段：能开发创新型保险产品，能建立巨灾风险模型，能管理千亿级资金池，能设计跨境再保方案。

对应院校与专业参考

南开大学
保险学专业
河北金融学院
保险实务专业

 **电竞俱乐部经理**

岗位职责：选手选拔与培训、战队管理、合同谈判与法律事务、商务拓展。

具体岗位：电竞俱乐部经理通过规范俱乐部运营管理，培养电竞人才，推动电竞文化传播，包括战队教练、选手经纪人、赛事运营经理、商务拓展经理、市场推广经理、数据分析师等。

职业发展路径
初级阶段：了解主流电竞游戏规则，组织线下比赛，能管理青训队员，运营粉丝社群。
高级阶段：能运作顶级赛事IP，能谈判千万级赞助合约，能开发虚拟偶像商业价值，布局元宇宙电竞生态。

对应院校与专业参考
中国传媒大学
数字媒体艺术专业
黑龙江商业职业学院
电子竞技运动与管理专业

 高端家政服务平台首席执行官

岗位职责：制订和执行运营计划、内部和外部管理、内部和外部管理、监督和执行。

具体岗位：高端家政服务平台首席执行官通过搭建家政服务平台，整合家政资源，规范服务标准，满足家庭多样化需求，包括运营总监、客户服务总监、市场推广总监、供应链管理经理、品牌公关经理等。

对应院校与专业参考
吉林农业大学
家政学专业
长沙民政职业技术学院
家政服务与管理专业

职业发展路径
初级阶段：掌握管家服务标准，培训家政人员，能设计服务套餐，维护高端客户关系。
高级阶段：能打造智能家政管理系统，能开发私人飞机或游艇管家服务，能建立行业认证标准，运作跨国人才输送。

 **新能源汽车销售总监**

岗位职责：市场拓展与渠道开发、销售目标管理、客户关系管理、市场信息收集与分析。

具体岗位：新能源汽车销售总监通过拓展新能源汽车市场份额，推广绿色出行理念，包括区域销售经理、大客户经理、渠道拓展经理、市场分析经理、销售培训经理等。

职业发展路径
初级阶段：熟悉电动车基本参数，如续航里程、快充速度，掌握4S店销售流程，能策划线下试驾活动，了解补贴政策。
高级阶段：能制订全国新能源车销售战略，能运用大数据分析用户购车偏好，能与政府或企业大客户谈判采购，能主导品牌数字化营销，如直播卖车。

对应院校与专业参考
中国人民大学
市场营销专业
杭州职业技术学院
市场营销专业

私募股权基金总经理

岗位职责：合规体系建设与维护、基金备案与文件管理、风险管理与监督、风控团队建设。

具体岗位：私募股权基金总经理带领团队实现汇聚社会资金，帮助企业创新，包括投资总监、风控合规总监、基金募集经理、投后管理经理、行业研究经理等。

职业发展路径

初级阶段：了解股权投资流程，分析企业财报，掌握基金募集基础知识，熟悉《中华人民共和国证券法》核心条款。

高级阶段：能设计百亿级基金架构，能主导跨国并购，如收购科技公司，运用 AI 预测行业趋势，能搭建顶级投资人关系网。

对应院校与专业参考

上海交通大学
金融学专业
深圳职业技术学院
金融管理专业

智慧农业合作社理事长

岗位职责：制订和执行生产计划、质量管理、项目管理、安全生产。

具体岗位：智慧农业合作社理事长通过整合资源、创新技术应用，推动农业向数字化、智能化迈进，包括农业生产经理、智慧农业技术经理、农产品销售经理、供应链管理经理、品牌推广经理等。

对应院校与专业参考

南京农业大学
智慧农业专业
江苏农林职业技术学院
智慧农业技术应用专业

职业发展路径

初级阶段：能操作农业物联网设备，如温湿度传感器，能管理无人机播种，能利用电商平台销售农产品。

高级阶段：能打造区块链溯源农场，能推动"云种田"共享经济，会对接跨境生鲜供应链，能制订碳积分交易策略。

国际会展公司总经理

岗位职责：项目策划与实施、团队管理与协调、成本与预算管理、客户沟通与销售。

具体岗位：国际会展公司总经理通过组织各类国际会议展览活动，推动国际交流与合作，包括会展策划总监、招商运营总监、市场推广总监、国际业务拓展经理、客户服务经理等。

职业发展路径

初级阶段：能策划小型展会，能协调展商入驻，能管理现场服务团队，分析观众流量数据。

高级阶段：运作世界级行业峰会，如 CES 分展，能整合 AR 虚拟展台技术，能开发会展 IP 衍生品，如限定手办，能制订全球化招商策略。

对应院校与专业参考

中山大学
会展经济与管理专业
上海电影艺术职业学院
会展策划与管理专业

元宇宙平台运营官

岗位职责：产品规划和设计、技术研发和优化、市场和用户研究、项目管理和团队协作。

具体岗位：元宇宙平台运营官通过打造创新虚拟平台，推动元宇宙产业发展，包括元宇宙产品经理、内容生态运营经理、用户体验设计经理、虚拟活动策划经理、数字营销经理等。

职业发展路径

初级阶段：熟悉 VR 社交平台规则，策划虚拟演唱会，能管理数字藏品（NFT）发行，分析用户在线时长。

高级阶段：能构建元宇宙经济体系，如虚拟土地拍卖，能联动实体品牌打造"数字孪生"商店，能主导 AIGC（AI 生成内容）生态开发。

对应院校与专业参考

南京信息工程大学
元宇宙工程专业

深圳职业技术学院
虚拟现实技术应用专业

医疗器械销售工程师

岗位职责：市场拓展与渠道开发、销售目标管理、客户关系管理、市场信息收集与分析。

具体岗位：医疗器械销售工程师通过为医疗机构和患者提供适配的医疗器械，从而提升医疗服务，包括区域销售经理、临床推广专员、大客户经理、产品培训专员、市场分析专员等。

对应院校与专业参考

中南大学
医疗器械工程专业

重庆三峡医药高等专科学校
医疗器械维护与管理专业

职业发展路径

初级阶段：懂得产品知识，如血压计、血糖仪，掌握基本销售技巧，能向医生或医院介绍产品功能。

高级阶段：精通市场分析，能制订销售策略，管理大客户，并运用学术推广提升销量，如策划并组织医学会议。

智慧农业技术推广员
岗位职责：店铺管理、数据分析、活动管理、客户服务。

具体岗位：智慧农业技术推广员通过传播智慧农业知识与技术，从而提升农业生产效率，包括农业物联网技术员、数字农业培训师、农业大数据分析师、智能农机操作指导、农业电商运营助理等。

职业发展路径

初级阶段：了解智能灌溉、无人机播种技术，能向农民讲解设备使用方法。

高级阶段：精通自动化装配技术，能制订装配工艺标准，具备项目管理能力。

对应院校与专业参考
中国农业大学
智慧农业专业
江苏农林职业技术学院
智慧农业技术应用专业

金融科技产品经理
岗位职责：产品规划与设计、创新与开发、产品上线管理、产品沟通与反馈。

具体岗位：金融科技产品经理通过规划和设计金融科技产品满足用户需求，从而满足用户需求，包括金融产品总监、支付系统产品经理、风控模型产品经理、区块链产品经理、数据分析产品经理等。

对应院校与专业参考
湖南工商大学
金融科技专业
深圳职业技术学院
金融管理专业

职业发展路径

初级阶段：了解移动支付，了解用户需求分析。

高级阶段：能设计区块链金融产品，优化 AI 风控系统以防范诈骗。

社区养老护理协调员
岗位职责：采集和记录信息、评估活动能力、确定照护需求、出具报告。

具体岗位：社区养老护理协调员通过整合社区养老护理资源，为老年人提供优质服务，包括居家养老服务督导、护理计划制订员、老年健康评估师、社区资源对接专员、养老政策咨询员等。

职业发展路径

初级阶段：能陪老人聊天，能协助日常起居，如喂饭、吃药。

高级阶段：能规划适老化改造，如防滑地板，能用智能手环监测健康。

对应院校与专业参考
山东女子学院
养老服务管理专业
长沙民政职业技术学院
老年服务与管理专业

第六章
常规型（C）职业

常规型职业从业者通常条理有序，注重流程规范和细节执行。这类人通常严谨细致、责任心强，擅长按既定规则高效完成事务性工作，适合从事行政、财务等程序化岗位，如银行柜员、行政助理、会计专员等。

物流调度员

岗位职责：车辆与人员调度安排、客户与司机管理、数据录入与核对、紧急情况处理。

具体岗位：物流调度员通过安排货物运输，确保物资安全准时送达，规划路线，降低运输成本，包括运输调度员、仓储调度员、配送调度员、海运调度员、空运调度员等。

职业发展路径

初级阶段：能安排货车送货，如路线规划、装车顺序，能跟踪货物位置，如使用 GPS 系统、物流软件，懂得仓库管理，如入库、出库、库存盘点。

高级阶段：精通优化供应链降低运输成本，能分析物流数据来提高配送效率，能处理突发问题与应急管理，保障物流运输的稳定性和客户利益。

对应院校与专业参考

东北财经大学
物流管理专业

德阳科贸职业学院
现代物流管理专业

银行柜员

岗位职责：现金收付、现金管理、支票管理、会计和记录。

具体岗位：银行柜员通过向客户提供基础金融服务，保障资金交易安全与高效，包括现金柜员、非现金柜员、对公柜员、外汇柜员、VIP 柜员等。

对应院校与专业参考

西南财经大学天府学院
金融学专业

浙江金融职业学院
金融管理专业

职业发展路径

初级阶段：能办理存款、取款、转账汇款等基础业务，能识别假钞，能使用点钞机及常见故障排除，懂基本的服务礼仪，能解答客户简单问题。

高级阶段：能处理外汇兑换、贷款等复杂业务，能识别可疑交易，防止洗钱，引导客户使用智能设备办理业务。

行政助理

岗位职责：接待来访客人、管理前台区域、接听转接电话、邮件收发管理。

具体岗位：行政助理通过协调内外事务，从而提升组织效率，包括前台行政、办公行政、人事行政、后勤行政、总经理助理等。

职业发展路径

初级阶段：能整理文件资料，安排会议，熟练使用办公软件，能接待来访客人。

高级阶段：安排领导行程，处理突发事件，组织公司活动，管理办公用品，能协调各部门工作。

对应院校与专业参考

厦门大学
行政管理专业

武汉职业技术学院
行政管理专业

税务申报专员
岗位职责：发票管理、发票开具、税务登记、纳税申报。

具体岗位：税务申报专员执行税务政策，确保税收合规，降低税务成本，包括增值税申报员、企业所得税申报员、个税申报专员、税务筹划专员、税务审计员等。

 职业发展路径

初级阶段：能填写常见的税务表格，懂得开发票和验发票的基本流程，清楚各种税的缴纳时间和方式。

高级阶段：能帮公司优化公司税务结构，降低整体税务成本，懂得复杂的税务规定，应对税务检查，能用专业税务软件分析公司的税务情况。

 对应院校与专业参考

东北财经大学
财政学专业

山西省财政税务专科学校
税务专业

医疗档案编码员
岗位职责：编码工作、病历审核与管理、数据统计与分析、沟通与指导。

具体岗位：医疗档案编码员通过准确编码医疗数据，支持医疗质量评估与医保结算，包括病案编码员、医保编码员、疾病分类员、手术操作编码员、医疗数据统计员等。

 对应院校与专业参考

武汉大学
信息管理与信息系统专业

天津医学高等专科学校
卫生信息管理专业

职业发展路径

初级阶段：按照标准给疾病分类编号，能整理病人的病历资料，清楚基本的医保报销规则。

高级阶段：精通复杂医疗编码系统，检查与修正编码错误，使用医院信息系统，分析医疗数据潜在规律和问题。

数据录入员
岗位职责：数据录入与核对、文档整理与归档、沟通与协作、效率与保密。

具体岗位：数据录入员要确保数据准确录入，使信息高效利用，包括基础数据录入员、数据审核员、数据统计员、数据库管理员等。

 职业发展路径

初级阶段：熟练掌握键盘操作技巧，熟悉 Excel 做表格进行数据录入，掌握基础的数据校验方法，对录入数据进行初步检查，懂得数据归档。

高级阶段：能用数据库软件管理数据，如 Access，掌握 VBA 宏编程与自动化处理，数据深度分析与问题识别。

对应院校与专业参考

南京大学
信息管理专业

四川财经职业学院
大数据技术专业

档案管理员

岗位职责：文件管理、保密与安全管理、库房管理、统计与报告。

具体岗位：档案管理员整理与保管档案，全方位保障档案的完整性与可追溯性，包括文书档案管理员、电子档案管理员、人事档案管理员、工程档案管理员、财务档案管理员等。

职业发展路径

初级阶段：能整理文件并按编号存放，进行档案分类，能用扫描仪把纸质文件变成电子版，熟悉借阅和归还档案流程。

高级阶段：能使用专业档案管理系统，熟悉档案保存的特殊要求。如温湿度控制，能制订档案管理规则。

对应院校与专业参考

北京联合大学
档案学专业

石家庄信息工程职业学院
档案管理专业

出纳员

岗位职责：账目记录与核对、工资与奖金发放、库存现金管理、预算与执行监督。

具体岗位：出纳员通过管理资金流动，保障财务安全与合规，包括现金出纳、银行出纳、外汇出纳、工资出纳、费用报销出纳等。

对应院校与专业参考

上海财经大学
会计学专业

江西财经职业学院
大数据与会计专业

职业发展路径

初级阶段：现金收付，登记现金日记账，能操作网银转账，懂得辨别真假钞票。

高级阶段：能做资金计划，管好公司现金流，懂得银行各种业务，如票据贴现，配合会计人员完成银行对账。

统计分析师

岗位职责：数据收集与分析、市场研究、报告撰写、专题研究。

具体岗位：统计分析师通过分析数据规律，辅助决策与政策制定，包括市场统计分析师、财务统计分析师、业务数据分析师、风险统计分析师、医疗统计分析师等。

职业发展路径

初级阶段：能用 Excel 进行基础统计，如算平均数，能制作柱状图、饼图等图表，能收集整理调查问卷。

高级阶段：能用专业统计软件，如 SPSS，能分析数据找出规律，调查报告撰写与解读。

对应院校与专业参考

厦门大学
经济统计专业

广东工程职业技术学院
统计与会计核算专业

 **仓库管理员**
岗位职责：验收与保管、库存控制、物料标识与分类、出入库管理。

具体岗位： 仓库管理员通过优化库存管理，保障物资安全，提升供应链效率，包括原材料仓管员、成品仓管员、电商仓管员、智能仓库管理员、冷链仓管员等。

职业发展路径
初级阶段： 能清点货物数量进行盘点，能操作扫码设备出入库管理，懂得货物分类摆放与基础管理。
高级阶段： 精通仓库管理系统的各项功能模块，能分析库存情况，能合理利用仓库空间。

 对应院校与专业参考
东北财经大学
物流与供应链管理专业
德阳科贸职业学院
物流工程技术专业

 **质量检验员**
岗位职责：成品检验、质量控制、返工和返修、质量分析和改进。

具体岗位： 质量检验员通过监督产品质量，确保产品符合标准与客户要求，包括来料检验员、制程检验员、成品检验员、出货检验员、实验室质检员等。

 对应院校与专业参考
中国计量大学
质量管理工程专业
九江职业技术学院
工业产品质量检测技术专业

职业发展路径
初级阶段： 能用卡尺等工具测量产品，能对照标准检查质量，发现不合格产品时，及时进行标识和隔离。
高级阶段： 懂得质量管理体系，能分析质量问题原因，能改进生产工艺。

 **人力资源专员**
岗位职责：制订招聘计划、简历筛选与面试安排、员工入职与档案管理、招聘效果跟踪。

具体岗位： 人力资源专员全方位助力企业做好招人、管人工作，包括招聘专员、培训专员、薪酬福利专员、绩效考核专员、人事档案专员等。

职业发展路径
初级阶段： 招聘员工，如发布招聘信息、筛选简历、安排面试，懂得基础员工管理，如考勤统计、劳动合同签订，能解答员工简单问题，如社保缴纳标准、假期管理制度等政策。
高级阶段： 精通招聘策略，根据企业不同岗位需求，制订针对性的招聘方案，能做薪酬设计，如绩效奖金、股权激励，能处理复杂的员工纠纷，如劳动仲裁。

 对应院校与专业参考
中国人民大学
人力资源管理专业
宜宾职业技术学院
人力资源管理专业

法律文书校对员

岗位职责：事实核对、法律依据审查、整体结构检查、敏感信息排查。

具体岗位：法律文书校对员通过审查法律文件错误，避免纠纷，包括合同校对员、诉讼文书校对员、公证文书校对员、法律翻译校对员、法规文件校对员等。

职业发展路径

初级阶段：检查文件错别字与语法错误，如使用 Word 校对功能，懂得法律文书格式，如起诉状、合同排版，能核对基本信息，如当事人姓名、日期等。

高级阶段：精通法律术语，避免错误表述，分析案件逻辑，如证据链是否完整，能优化文书结构，提升文书的可读性与说服力。

对应院校与专业参考

山东政法学院
法学专业
山东司法警官职业学院
法律文秘专业

会计

岗位职责：执行国家财经政策、编制和执行财务预算、会计凭证处理、财务审核。

具体岗位：会计确保财务信息准确，为经济决策提供支撑，包括财务会计、成本会计、税务会计、管理会计、审计会计等。

职业发展路径

初级阶段：能记账、开发票，运用办公软件制作简单的工资表和收支表，清楚报税流程，能使用常见的财务软件。能看懂基本的财务报表。

高级阶段：制订公司全年的财务计划，懂得各种省税方法和技巧，能处理复杂的税务问题，能用专业软件分析公司财务情况，财务风险防控与决策支持。

对应院校与专业参考

中央财经大学
会计学专业
四川财经职业学院
大数据与会计专业

保险理赔审核员

岗位职责： 理赔申请审核、赔偿费用评估、核保规范执行、理赔条款解释。

具体岗位： 保险理赔审核员通过核实保险申请，确保合理赔付，保护公司和客户的合法权益，包括车险理赔审核员、健康险理赔审核员、财产险理赔审核员、意外险理赔审核员、寿险理赔审核员等。

职业发展路径

初级阶段： 核对理赔材料，懂得保险条款，准确判断申请案件是否属于保险责任范围，能计算赔偿金额。

高级阶段： 建立完善的骗保识别体系，能谈判和解以减少公司损失，能优化理赔流程从而提高审核效率。

对应院校与专业参考

西南财经大学
保险学专业

广东金融学院
保险学专业

采购订单处理员

岗位职责： 采购计划与需求确认、采购品质控制、采购价格控制、交货期控制。

具体岗位： 采购订单处理员通过管理采购流程，确保物资供应及时，包括原材料采购员、设备采购员、办公用品采购员、供应商管理专员、采购跟单员等。

对应院校与专业参考

河北地质大学
供应链管理专业

燕京理工学院
供应链管理专业

职业发展路径

初级阶段： 掌握企业采购订单系统操作流程，懂得比价，筛选出价格较低的供应商，能跟踪货物到货情况。

高级阶段： 精通供应链管理来降低采购成本，进行采购合同谈判，争取最优利益，能预测市场行情与风险应对。

工资核算专员

岗位职责： 工资核算与发放、薪酬体系完善、福利管理、薪酬数据分析。

具体岗位： 工资核算专员及时计算工资和福利，确保按时发放，包括工资核算专员、薪酬计算员、工资发放专员、薪资福利核算员、薪酬统计专员等。

职业发展路径

初级阶段： 能算工资，如基本工资、加班费，懂得社保公积金缴纳政策及比例，清楚五险一金扣除金额，熟练使用个税 APP 完成员工个税申报。

高级阶段： 精通薪酬体系，如绩效奖金计算，能做人力成本分析，能处理复杂薪酬核算。

对应院校与专业参考

上海财经大学
财务管理专业

重庆工商职业学院
大数据与会计专业

 **航空票务操作员**
岗位职责：处理与查询订单、客户咨询与投诉处理、日常工作执行、数据管理与更新。

具体岗位：航空票务操作员负责高效、准确地处理机票预订、改签、退票等业务，确保旅客行程顺利，包括国内票务操作员、国际票务操作员、机票预订专员、票务结算专员等。

职业发展路径

初级阶段：熟练使用订票系统订机票、查航班，懂得退改签规则，如非自愿退票、自愿改期，能处理旅客基础问题，如婴儿票、特殊餐食。

高级阶段：精通国际机票销售，如税费计算、多航段组合，能处理复杂退改签，如里程票、团体票规则，能及时调整航班座位管理。

 对应院校与专业参考
广州民航职业技术学院
民航运输服务专业
三亚航空旅游职业学院
民航运输服务专业

 **知识产权流程员**
岗位职责：申请和管理专利、处理专利官文、监控和提醒时限、联系外部。

具体岗位：知识产权流程员通过管理知识产权申请与维护，保护企业创新成果，包括专利流程管理员、商标流程管理员、国际注册流程员、版权流程管理员等。

 对应院校与专业参考
武汉理工大学
知识产权专业
江苏财经职业技术学院
知识产权管理专业

职业发展路径

初级阶段：能整理专利申请文件，如专利说明书、权利要求书，懂得商标注册流程，如初审、公告、注册，能操作专利检索系统，如 Patentics。

高级阶段：精通专利驳回复审，如 OA 答复、复审请求，能分析专利侵权风险，能管理跨国专利申请，如 PCT、巴黎公约。

 **信用卡风控专员**
岗位职责：客户信息审核与管理、信用评估与分析、信用额度管理与风险控制、文档管理与合规运营。

具体岗位：信用卡风控专员通过评估信用卡交易风险，保障金融安全与合规，包括催收专员、反欺诈专员、信用评估专员、风险监测专员等。

职业发展路径

初级阶段：核查征信报告，如逾期记录分析、负债率计算，懂得反欺诈规则，如黑名单管理、高风险地区识别，能审核基础贷款申请，如收入证明审核、工作稳定性评估。

高级阶段：精通风控模型，如评分卡模型、机器学习模型，能分析异常交易，如盗刷识别维度、套现监测，能制订风控策略，如额度调整、催收优化。

 对应院校与专业参考
西南财经大学
金融学专业
河南信息统计职业学院
金融科技应用专业

图书管理员

岗位职责：图书分类与著录、数据管理与维护、协调与沟通、持续学习。

具体岗位：图书管理员负责系统化整理、保管和传递图书资源，保障知识有序流通，为读者提供高效的信息服务，包括图书编目员、借阅管理员、电子资源管理员、阅读推广员等。

职业发展路径

初级阶段：整理图书，如分类编目、上架，懂得借还书系统，如RFID扫码，能解答读者简单咨询，如找书、预约。

高级阶段：精通电子书等数字资源管理，策划阅读活动，如读书会，能优化图书馆系统，如智能检索、大数据分析。

对应院校与专业参考

武汉大学
图书馆学专业

郑州航空工业管理学院
图书馆学专业

客服工单处理员

岗位职责：投诉受理、解决问题、外部投诉管理、识别风险。

具体岗位：客服工单处理员负责全流程跟踪、协调和解决客户问题，提升服务效率与满意度，包括投诉处理专员、问题件跟进员、客户回访专员、服务质量监督员等。

对应院校与专业参考

北京工商大学
电子商务专业

深圳职业技术学院
市场营销专业

职业发展路径

初级阶段：能使用工单系统记录客户问题，懂得处理常见故障，能使用标准话术安抚客户情绪。

高级阶段：能通过跨部门协作排查疑难问题，能分析投诉数据，能培训新员工。

招标文件管理员

岗位职责：信息收集与整理、投标文件制作、内部审核与修改、文件归档与管理。

具体岗位：招标文件管理员通过编制与审核招标文件，确保采购流程规范透明，包括投标文件编制员、招标备案专员、商务标书专员、技术标书专员等。

职业发展路径

初级阶段：能整理招标公告，能在政府采购网查询，懂得标书格式，如商务标、技术标，能对投标文件进行资质审查。

高级阶段：精通招投标法规，如《中华人民共和国招标投标法》，能分析竞争对手的投标策略，能管理全流程电子招投标，如CA数字证书。

对应院校与专业参考

西南政法大学
法学专业

盐城师范学院
档案学专业

供应链数据治理员

岗位职责： 保障数据安全性和完整性、监测数据质量、协助解决数据问题、分析数据。

具体岗位： 供应链数据治理员通过优化供应链数据质量，从而提升运营效率与透明度，包括数据质量管理员、供应链数据分析师、主数据管理专员、物流数据治理工程师等。

职业发展路径

初级阶段： 整理供应链数据，如采购、库存、销售记录，能检查数据错误，如重复录入、格式不对，能简单分析，懂得基础数据分类，如供应商、产品编号。

高级阶段： 能用专业软件管理数据，如ERP、WMS，能及时调整供应链流程，能分析数据趋势，如库存周转率，熟悉数据安全法规，如GDPR。

对应院校与专业参考

北京物资学院
物流管理专业

德阳科贸职业学院
物流工程技术专业

财务报表审计员

岗位职责： 编制和执行审计项目、内控审计、稽核成本费用支出、整改跟踪。

具体岗位： 财务报表审计员通过核查财务数据真实性，保障企业合规与投资者权益，包括财务审计专员、财务报表审计师、会计审计员、财务稽核专员、审计助理等。

职业发展路径

初级阶段： 核对账本，如收入、支出，检查数字是否正确，能使用审计软件查账，如Excel、财务系统，懂得基础税务规则，如增值税、企业所得税。

高级阶段： 精通财务分析，如现金流预测，能及时发现公司财务风险，能识别假账，如虚增收入，熟悉国际审计标准，如IFRS。

对应院校与专业参考

南京审计大学
审计学专业

浙江金融职业学院
大数据与会计专业

医疗耗材库存管理员

岗位职责： 耗材入库管理、耗材库存管理、耗材发放管理、耗材报废管理。

具体岗位： 医疗耗材库存管理员确保医疗物资充足与安全，支持医疗服务，包括医用耗材仓管员、高值耗材管理员、医疗器械库存专员、医疗物资调度员等。

职业发展路径

初级阶段： 清点医疗用品，如口罩、注射器，记录库存数量，能操作医院库存系统，如SPD系统，懂得基础分类，如高值耗材、低值耗材。

高级阶段： 精通智能仓储，如RFID扫码，能优化采购计划从而避免缺货或积压，熟悉医疗行业法规，如医疗器械管理法。

对应院校与专业参考

福建医科大学
医学技术类专业

天津医学高等专科学校
卫生信息管理专业

ISO 体系内审员

岗位职责：编制检查表、现场审核、跟踪纠正措施、优化评价流程。

具体岗位： ISO 体系内审员通过监督管理体系运行，推动企业持续改进与合规经营，包括质量管理内审员、环境管理体系内审员、职业健康安全内审员、能源管理体系内审员等。

职业发展路径

初级阶段： 检查公司流程是否符合 ISO 标准，如生产、质检，能写审核报告，懂得基础质量管理，如 ISO 9001。

高级阶段： 精通风险评估，如 FMEA 分析，能培训员工，熟悉多个 ISO 体系，如 ISO 14001 环保标准。

对应院校与专业参考

中国计量大学
质量管理工程专业
河南质量工程职业学院
质量管理与认证专业

电子档案备份员

岗位职责：规划与实施、数据准备、质量控制、数据安全与备份。

具体岗位： 电子档案备份员通过科学备份策略和安全管理，确保电子档案的完整性、可用性和机密性，包括数字档案管理员、数据备份专员、档案数字化处理员、电子文件管理专员等。

对应院校与专业参考

西华大学
档案学专业
武汉软件工程职业学院
信息安全技术应用

职业发展路径

初级阶段： 扫描文件，存成电子版，如 PDF、图片，能按编号整理档案，懂得保障基础数据安全，如防病毒、防删除。

高级阶段： 精通数字化存储，如云备份、区块链防篡改，能修复损坏档案，如老照片 AI 修复，熟悉档案法规，如《中华人民共和国档案法》。

报关单证员

岗位职责：单证制作与审核、信用证管理、流转跟踪、异常处理。

具体岗位： 报关单证员通过及时处理进出口单据，确保贸易合规与通关效率，包括进出口单证员、海关申报专员、贸易合规单证员、国际货运单证操作员等。

职业发展路径

初级阶段： 填报关单，如商品名称、HS 编码，能核对贸易文件，如发票、提单，懂得基础外贸规则，如关税计算。

高级阶段： 精通跨境贸易的政策、流程等，能处理复杂问题，如海关查验、退运，熟悉国际贸易法规，如 INCOTERMS 2020。

对应院校与专业参考

湖北工业大学
国际经济与贸易专业
深圳职业技术学院
国际贸易实务专业

电力抄表员

岗位职责：抄表与记录、处理投诉与建议、推广电力产品、负责售后服务。

具体岗位：电力抄表员通过记录用电数据，保障电力供应，保证用户计费准确，包括智能电表抄表员、传统电表抄表员、用电数据采集员、电费核算专员等。

职业发展路径

初级阶段：使用抄表器记录电表数字，如红外线抄表仪，能识别电表类型，如智能电表、机械表，懂得基础电费计算方式，如峰谷电价、阶梯电价。

高级阶段：熟练操作智能电表系统，如远程抄表、数据上传，能排查电表故障，如数据异常、通信问题，能协调维修，掌握电费催缴技巧，如困难用户沟通。

对应院校与专业参考

东北电力大学
电气工程及其自动化专业

郑州电力高等专科学校
电力系统自动化技术专业

政府采购合同管理员

岗位职责：编制招标文件与合同、组织招标流程、合同执行与监督、协调与沟通。

具体岗位：政府采购合同管理员妥善管理政府采购合同，确保采购活动合规高效进行，包括招标合同专员、政府采购专员合同履约监督员、供应商管理专员等。

对应院校与专业参考

河北金融学院
政府采购管理专业

四川财经职业学院
政府采购管理专业

职业发展路径

初级阶段：整理招标文件，如采购需求、投标要求，能核对合同条款，如交货期、付款方式，了解基础采购法规，如《中华人民共和国政府采购法》。

高级阶段：精通合同谈判，如筛选供应商，能规避履约风险，如延期交付、质量问题，熟悉电子招投标系统，如CA数字认证。

权证专员

岗位职责：办理过户手续、客户资料初审、跟进贷款及相关手续、实地核实房产情况。

具体岗位：权证专员提高办理房地产权证效率，保障产权交易安全与合法权益，包括不动产登记专员、房产过户专员、抵押登记办理员、产权档案管理员等。

职业发展路径

初级阶段：整理房产过户材料，如身份证、购房合同、契税发票，能填写不动产权登记表，如面积、地址，了解基础税费计算方式，如契税、增值税。

高级阶段：精通复杂过户，如继承、离婚分割，能优化办理流程，如电子化登记，熟悉不动产法规，如《不动产登记暂行条例》。

对应院校与专业参考

中国地质大学（武汉）
土地资源管理专业

浙江建设职业技术学院
房地产经营与管理专业

教育培训机构学籍管理员

岗位职责：信息采集与管理、学籍变更处理、统计报表制作、信访接待。

具体岗位：教育培训机构学籍管理员通过精准管理学籍信息、规范课程注册等工作，为机构的有序运作和学生的成长提供坚实保障，包括学生学籍专员、课程注册管理员、学历认证专员、培训档案管理员等。

职业发展路径

初级阶段：录入学生信息，如姓名、班级，能管理学籍档案，如转学、休学、退学记录，通过学籍管理系统快速准确地检索相关信息。

高级阶段：精通全国学籍平台等各类学籍管理系统，能分析学生数据从而推出升学率、出勤率，熟悉教育政策，根据政策变化及时调整学籍管理流程和工作方法，规避政策风险，保障机构的健康发展。

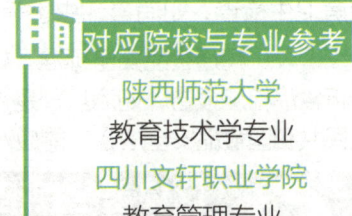

对应院校与专业参考

陕西师范大学
教育技术学专业

四川文轩职业学院
教育管理专业

会展活动执行员

岗位职责：活动方案确定、会前准备、现场管理、活动执行。

具体岗位：会展活动执行员负责从策划到落地的全流程执行，确保活动高效推进、效果达标，包括会展活动执行专员、会议会展策划执行、会展活动执行、会展项目执行员、展会现场执行督导等。

职业发展路径

初级阶段：布置会场，如摆放桌椅，能管理活动物料，如宣传册、台卡、手卡，能协助嘉宾签到，能引导观众入座。

高级阶段：精通活动流程，如彩排、灯光控制、时间把控，能处理突发情况，如嘉宾迟到、设备故障，熟悉媒体对接，如摄影、新闻稿发布。

对应院校与专业参考

三亚学院
会展经济与管理专业

武汉商贸职业学院
会展策划与管理专业

食品安全记录员

岗位职责：产品质量检验、检验记录、数据管理、问题处理。

具体岗位：食品安全记录员是如实记录食品安全相关信息，保障公众饮食安全，包括食品检验记录员、餐饮安全监督员、食品生产记录专员、卫生安全档案员等。

职业发展路径
初级阶段：登记食品原料生产日期、供应商等信息，能检查食品储存条件，如冷藏、防潮等，记录每日厨房卫生检查，如消毒、虫害等控制措施。

高级阶段：精通食品安全标准，如HACCP体系，能分析食品检测报告，如添加剂是否超标，熟悉《中华人民共和国食品安全法》，能应对监管部门检查。

对应院校与专业参考
上海师范大学
食品安全与检测专业
上海城建职业学院
食品检验检测技术专业

区块链合规记录员

岗位职责：交易监控、市场分析、数据管理、问题解决。

具体岗位：区块链合规记录员通过区块链技术保障数据的合规记录和安全性，包括加密货币合规专员、区块链交易监控员、数字资产风控专员、反洗钱（AML）合规分析师等。

对应院校与专业参考

齐鲁工业大学
区块链工程专业
深圳信息职业技术学院
区块链技术与应用专业

职业发展路径
初级阶段：记录区块链交易，如比特币转账，能检查钱包地址是否在黑名单，如AML反洗钱筛查，了解基础区块链知识，如公链、智能合约等。

高级阶段：精通国际合规标准，如FATF旅行规则，能分析链上数据，查看是否存在可疑交易，熟悉各国加密法规，如中国禁令、欧盟MiCA法案等。

银行反洗钱监测员

岗位职责：线索收集与分析、调查取证、案件追踪与溯源、协助金融机构合规检查。

具体岗位：银行反洗钱监测员负责识别、分析和报告可疑交易，防范洗钱、恐怖融资等金融犯罪活动，维护金融体系安全稳定，包括反洗钱（AML）分析师、金融犯罪调查员、可疑交易报告（STR）审核员、合规监控专员等。

职业发展路径
初级阶段：查客户身份，如身份证、职业信息，能识别大额转账，了解基础洗钱手法，如拆分交易。

高级阶段：精通风险模型，如机器学习监测异常交易，能调查复杂洗钱网络，熟悉国际反洗钱法规，如《反海外腐败法》（FCPA）、巴塞尔协议。

对应院校与专业参考

西南财经大学
金融风险管理专业
广东金融学院
金融科技应用专业

临床试验数据协调员

岗位职责：数据管理、数据质量控制、数据统计分析、法规与标准遵循。

具体岗位：临床试验数据协调员统筹协调临床试验数据管理，确保数据质量与试验规范，包括临床数据管理员（CDM）、病历报告表（CRF）审核员、临床试验数据核查员、医学数据统计协调员等。

职业发展路径

初级阶段：整理病人检查报告，能录入试验数据，如 CRF 表格填写，了解临床试验质量管理规范。

高级阶段：精通数据核查，如逻辑矛盾，能管理跨国试验，如多中心数据合并，熟悉 EDC 系统，电子数据采集平台。

 对应院校与专业参考

首都医科大学
临床医学专业

天津医学高等专科学校
医学信息管理专业

建筑工程资料员

岗位职责：资料收集与管理、资料传递与沟通、资料归档与保管、计划与统计管理。

具体岗位：建筑工程资料员负责工程资料的收集、整理、归档和移交，确保施工合规性、可追溯性及顺利验收，包括施工资料管理员、工程档案整理员、竣工资料归档专员、项目文件控制员等。

 对应院校与专业参考

同济大学
工程管理专业

广州城建职业学院
建筑工程管理专业

职业发展路径

初级阶段：整理施工图纸，如 CAD 文件，能登记材料检测报告，如钢筋、混凝土强度，了解基础验收流程。

高级阶段：精通档案数字化，如 BIM 模型归档，能应对工程审计，能及时调取历史资料，熟悉城建档案规范，如归档年限、移交标准。

电商平台订单处理员

岗位职责：订单审核、风控管理、数据分析、流程优化。

具体岗位：电商平台订单处理员负责从订单生成到交付的全流程协调，确保交易高效、准确、客户满意，包括订单审核专员、物流跟单员、退换货处理专员、库存协调员等。

职业发展路径

初级阶段：审核订单地址、付款等信息，能操作 ERP 系统进行打单等，了解退换货流程，如 7 天无理由规则。

高级阶段：精通供应链优化，如预售、爆品库存预测，能处理跨境订单，如报关、国际物流，熟悉电商法规，广告法、消费者权益保护。

 对应院校与专业参考

杭州电子科技大学
电子商务专业

深圳职业技术学院
电子商务专业

电力调度值班员

岗位职责：监控和指挥电网运行、执行调度计划、事故处理和风险控制、设备和系统管理。

具体岗位：电力调度值班员实时监控电网运行，确保电力供应安全稳定，包括电力调度员、电网调度值班员、电力系统运行值班员、变电站值班员、配电网调度员等。

职业发展路径

初级阶段：监控电网运行从而检测电压、负荷曲线等，能操作调度系统，如 SCADA 系统，了解停电应急流程，维修故障。

高级阶段：精通电力市场交易，如峰谷电价调控，能调整电网调度，熟悉电力安全法规，如调度操作票制度。

对应院校与专业参考

东北电力大学
电气工程及其自动化专业
武汉电力职业技术学院
供用电技术专业

上市公司信息披露员

岗位职责：信息审核、及时发布、分类整理、协调沟通。

具体岗位：上市公司信息披露员负责依法合规披露公司信息，确保投资者公平获取决策依据，包括证券事务专员、定期报告编制员、临时公告管理员、投资者关系助理等。

对应院校与专业参考

北京工商大学
会计学专业
北京财贸职业学院
大数据与财务管理专业

职业发展路径

初级阶段：整理公司公告，如年报、重大事项，能核对基础财务数据，如营收、利润，了解基本法规，如《中华人民共和国证券法》。

高级阶段：精通监管规则，如沪深交易所《信息披露指引》，能调整披露策略。

快递面单扫描员

岗位职责：货物扫描与追踪、包裹分类与整理、数据信息管理、客户服务与反馈。

具体岗位：快递面单扫描员通过快速扫描面单信息，保障物流准确性与效率，包括快递分拣扫描员、物流信息录入员、包裹追踪专员、运单数据处理员等。

职业发展路径

初级阶段：操作扫描仪，快速录入面单信息，如收件人、运单号，能识别问题面单，如地址模糊、条形码损坏，了解基础分拣规则，如按省份、城市分类。

高级阶段：精通自动化分拣系统，如 OCR 识别，能分析异常数据，如重复扫描、漏扫，熟悉物流信息系统，如 WMS。

对应院校与专业参考

对外经济贸易大学
物流管理专业
深圳职业技术学院
现代物流管理专业

社保公积金专员
岗位职责：社保及公积金缴纳、信息管理与更新、提供医疗相关服务、解决社保问题。

具体岗位：社保公积金专员通过专业化的社保公积金管理，确保企业合规运营与员工福利落实，包括社保申报专员、公积金办理员、五险一金核算员、社保关系转移专员等。

职业发展路径

初级阶段：计算社保、公积金，核对员工缴费基数，能操作政务系统，办理增减员，能解答员工常见问题，如医保报销比例。

高级阶段：精通政策解读，如生育津贴调整，调整企业缴费方案，处理复杂情况，如跨省转移、补缴争议，熟悉个税筹划，如年终奖计税。

对应院校与专业参考

南京审计大学
财务管理专业
四川财经职业学院
人力资源管理专业

实验室样本管理员
岗位职责：样本接收与登记、样本存储与分发、样本跟踪与记录、质量控制。

具体岗位：实验室样本管理员通过规范管理实验样本，确保检测结果准确可靠，包括生物样本管理员、病理标本管理员、实验材料保管员、样本库管理员等。

对应院校与专业参考

武汉大学
生物技术专业
天津医学高等专科学校
医学检验技术专业

职业发展路径

初级阶段：登记样本信息，如编号、来源，能按标准存储样本，如冷藏、避光，了解基础安全规范，如生物危害标识。

高级阶段：精通样本追溯系统，如LIMS，能分析样本异常，如污染、降解，能处理异常问题，熟悉实验室认证，如CNAS，能协助合规检查。

影视版权登记员
岗位职责：受理和审核申请材料、指导申请人准备材料、受理申请并发放登记证书、维护登记数据库。

具体岗位：影视版权登记员的主要工作是登记影视版权信息，保护知识产权，包括影视作品版权专员、剧本著作权登记员、音乐版权管理员、衍生品授权专员等。

职业发展路径

初级阶段：整理版权材料并填写登记表，如剧本、成片，能核对著作权人信息，如联合创作协议，了解基础法律，如《中华人民共和国著作权法》。

高级阶段：精通维权策略，如侵权证据固定，能协助法律诉讼，分析版权交易风险，如改编权授权，熟悉国际版权公约，如《伯尔尼公约》，能处理跨境登记。

对应院校与专业参考

中国传媒大学
影视版权管理专业
浙江艺术职业学院
影视制片管理专业

机场安检信息录入员

岗位职责：准确录入基础信息、数据完整性维护、数据准确性校对、信息安全保障。

具体岗位：机场安检信息录入员通过准确录入安检信息，保障航空安全与旅客顺利出行，包括旅客信息录入员、行李安检信息登记员、违禁品数据记录员、安检系统操作员等。

职业发展路径

初级阶段：操作安检系统，如X光机、人脸识别设备，能识别危险品，如打火机、液体超标，懂得基础安检流程，如随身行李检查、人身安检。

高级阶段：精通智能安检技术，如AI识别违禁品，能通过分析安检数据进行通道安排，如高峰期人流，熟悉国际安检标准，如ICAO规定，能处理特殊旅客，如外交人员。

对应院校与专业参考

中国民航大学
民航运输管理专业

三亚航空旅游职业学院
民航安全技术管理专业

图书编辑

岗位职责：内容维护与更新、原创撰写与编辑、数据统计与分析、技术校对与审核。

具体岗位：图书编辑通过专业化的内容策划与编辑加工，实现文化价值的有效传递，包括文字编辑、策划编辑、学术编辑、美术编辑、数字内容编辑等。

职业发展路径

初级阶段：校对书稿，如错别字、标点，能校对图书逻辑性是否合理，能整理作者资料，如参考文献格式，了解出版流程，如三审三校。

高级阶段：精通选题策划，如通过市场趋势分析，协调插画、排版等环节，熟悉数字出版渠道，如电子书、有声书等。

对应院校与专业参考

复旦大学
汉语言文学专业

安徽新闻出版职业技术学院
出版与发行专业

工业设备保养记录员
岗位职责：设备运行记录、数据管理和分析、档案建立与管理、报告编制。

具体岗位：工业设备保养记录员通过详细记录设备维护信息，确保生产安全与设备高效运行，包括设备维护记录员、机械保养数据管理员、生产线巡检登记员、故障维修日志专员等。

职业发展路径
初级阶段：登记设备保养情况，如润滑油更换、零件磨损，能使用基础工具检查设备状态，如测振仪、测温枪，懂得设备分类，如数控机床、传送带。

高级阶段：精通预测性维护，如 AI 分析设备数据，能优化保养计划，如减少停机时间，熟悉 ISO 标准，如 ISO 55000 资产管理体系。

对应院校与专业参考
安徽宿州技师学院
工业机器人应用与维护专业
合肥工贸高级技工学校
机械制造与自动化专业

智慧城市数据标注员
岗位职责：数据预处理、精细化标注、质量校验与修正、项目参与优化。

具体岗位：智慧城市数据标注员的主要工作是标注城市数据，支持 AI 模型训练，助力城市管理智能化发展，包括交通数据标注员、安防监控数据标注员、城市管理数据标注员、AI 训练数据标注师等。

职业发展路径
初级阶段：用标注工具标记车辆等图像，如 LabelImg，能分类数据，如交通信号灯、道路标线，了解基础 AI 训练流程。

高级阶段：精通复杂场景标注，如自动驾驶 3D 点云数据，能优化标注标准，熟悉大模型训练，如 GPT 数据标注需求。

对应院校与专业参考
大同煤炭职业技术学院
人工智能技术应用专业
北京电子科技职业学院
人工智能技术应用专业

碳排放核算员
岗位职责：碳足迹核算、数据分析与评估、碳足迹认证、监督与监测。

具体岗位：碳排放核算员通过核算碳排放数据，帮助企业绿色发展，包括企业碳盘查专员、产品碳足迹核算员、碳排放数据审核员、碳中和规划专员等。

职业发展路径
初级阶段：计算企业能耗，如用电量、用油量，能填写碳报告，如温室气体清单等碳报告填写规范与要求，了解基础减排方法，如节能灯替换。

高级阶段：精通碳交易，如全国碳市场买卖配额，能制订碳中和策略，如绿电采购、碳捕捉技术，熟悉国际标准，如 ISO 14064 碳核算规范。

对应院校与专业参考
西北大学碳中和学院
碳储科学与工程专业
天津轻工职业技术学院
环境监测技术专业

网络舆情监测员
岗位职责：舆情监测、数据采集、情感分析、协助应对危机。

具体岗位： 网络舆情监测员通过实时监测网络舆情，维护社会稳定，包括舆情分析师、社交媒体监测员、危机公关预警员、品牌声誉管理专员等。

职业发展路径

初级阶段： 收集网络热点，如微博、抖音热搜，能识别负面舆情，如品牌投诉、虚假谣言，了解基础舆情分析，如情感分析。

高级阶段： 精通危机公关，如撰写声明、引导舆论，能预测舆情趋势，如 AI 舆情预警系统，熟悉法律法规，如《中华人民共和国网络安全法》。

对应院校与专业参考
甘肃警察职业学院
网络舆情监测专业
安徽新闻出版职业技术学院
新媒体运营与舆情分析专业

标准化文档工程师
岗位职责：文档撰写与编辑、文档设计与排版、技术沟通与协作、版本控制与维护。

具体岗位： 标准化文档工程师通过制订标准化网页，从而提升企业运营效率与产品质量，包括技术文档编写员、标准规范制订专员、产品说明书编辑、质量管理体系文档专员等。

对应院校与专业参考
青岛大学
标准化工程专业
广东理工学院
标准化工程专业

职业发展路径

初级阶段： 整理技术文档，如产品说明书、API 接口文档，能校对格式，如字体、编号是否统一，了解基础写作规范，如 Markdown 排版。

高级阶段： 精通结构化写作，能优化知识库，如智能检索、多语言翻译，熟悉行业标准，如 ISO 26515 技术文档规范。

文化遗产数字化保护师
岗位职责：现场测量与记录、选择建模软件与技术、构建三维模型、数据管理。

具体岗位： 文化遗产数字化保护师通过前沿技术实现文化遗产的永久保存、创新呈现和活化利用，包括数字化保护项目主管、三维扫描技术员、文物建模师、数字修复师、数据库管理专员等。

职业发展路径

初级阶段： 能用 3D 扫描仪记录文物，能学习数字建模，如 Blender。

高级阶段： 能修复虚拟文物，能开发 AR 博物馆让文物"活过来"。

对应院校与专业参考
西北大学
文物保护技术专业
长沙民政职业技术学院
文物修复与保护专业

第七章
跨类型职业

跨类型职业从业者通常融合多种职业特质，需综合运用多元技能。这类人通常兼具实践力、同理心与条理性，擅长在交叉领域提供专业服务、解决复杂问题，适合从事需复合能力的特色岗位，如宠物营养顾问等。

工业产品外观设计师

岗位职责：产品研发与设计、市场分析与调研、产业工业设计平台搭建、品牌和产品系列风格制订。

具体岗位：工业产品外观设计师通过优化工业产品外观设计，提升产品竞争力，包括工业设计总监、产品造型设计师、3D建模师、产品渲染师、设计项目经理等。

职业发展路径

初级阶段：能手绘产品草图，能学习3D建模软件，如Rhino，了解材料特性。

高级阶段：能设计符合人体工学的产品，能运用CMF（色彩、材料、工艺）提升质感。

对应院校与专业参考

大连交通大学
工业设计专业

无锡科技职业学院
工业设计技术专业

宠物健康顾问

岗位职责：定制食谱、健康干预、解答疑问、监测与调整。

具体岗位：宠物健康顾问通过科学的营养方案优化宠物饮食结构，提升宠物生活质量和健康水平，包括宠物食品研发员、健康咨询顾问、产品培训专员、配方研发助理等。

对应院校与专业参考

南京农业大学
动物营养与饲料科学专业

江苏农牧科技职业学院
宠物养护与驯导专业

职业发展路径

初级阶段：掌握宠物基础营养需求，能推荐常见宠物粮。

高级阶段：能定制科学食谱，分析体检报告预防疾病，如肥胖症等。

运动康复教练

岗位职责：制订康复计划、质量控制、设备与物资管理、人员招聘与培训。

具体岗位：运动康复教练通过为运动损伤人群制订康复计划，促进身体机能恢复，包括康复训练总监、体态矫正教练、运动损伤康复师、健康评估师、功能性训练教练等。

职业发展路径

初级阶段：指导拉伸放松，能纠正人们跑步错误姿势避免受伤。

高级阶段：能用筋膜刀等医疗工具治疗运动损伤，能设计术后康复训练计划。

对应院校与专业参考

上海体育大学
运动康复专业

广州体育职业技术学院
运动防护专业

绿色建筑咨询师

岗位职责：编写和修订报告、提交和跟踪报告、项目管理、技术支持和市场拓展。

具体岗位：绿色建筑咨询师通过整合建筑科学、工程技术和可持续策略的专业能力，为建筑项目提供全生命周期的绿色解决方案，包括节能评估工程师、可持续建筑设计师、碳排放核算专员、建筑环境模拟分析师、绿色建材选型顾问等。

职业发展路径
初级阶段：学习节能材料，如保温玻璃，会计算建筑碳排放。

高级阶段：能设计 LEED 认证建筑，能用光伏发电实现零能耗。

对应院校与专业参考

同济大学
建筑环境与能源应用工程专业

山东城市建设职业学院
环境工程技术专业

无人机测绘工程师

岗位职责：项目管理、客户沟通、团队建设、质量控制。

具体岗位：无人机测绘工程师通过利用无人机进行测绘工作，提升测绘效率和精度，包括航测数据处理师、三维建模工程师、无人机飞控操作员、测绘项目管理师、遥感影像解译员等。

对应院校与专业参考
武汉大学
遥感科学与技术专业

黄河水利职业技术学院
无人机测绘技术专业

职业发展路径

初级阶段：操控无人机航拍，能生成 2D 地图。

高级阶段：用 LiDAR 激光扫描建模，能分析地形数据做城市规划。

食品质量安全监管员

岗位职责：样品采集与处理、检测与分析、结果解读与报告、质量控制与保证。

具体岗位：食品质量安全监管员通过全链条监管确保食品从生产到消费各环节的安全合规，包括食品检测技术员、质量体系审核员、食品生产合规专员、供应链安全督导、风险评估分析师等。

职业发展路径
初级阶段：学习食品安全标准，能做简单的食品检测，如测农药残留。

高级阶段：掌握 HACCP 体系，能处理食品安全事故，如食物中毒调查。

对应院校与专业参考
中国农业大学
食品质量与安全专业

内蒙古兴安职业技术学院
食品药品监督管理专业

儿童绘本设计师

岗位职责：创意与构思、素材收集与整合、插画创作与细化、与客户沟通与修改。

具体岗位：儿童绘本设计师通过精心创作富有教育意义和艺术价值的绘本，帮助儿童认知发展与情感培养，包括插画师、故事脚本策划、装帧设计专员、儿童教育内容编辑、印刷工艺顾问等。

职业发展路径

初级阶段：能画简单的卡通形象，了解儿童认知特点。

高级阶段：能设计互动式绘本，比如 AR 绘本，能自主研究儿童心理学。

对应院校与专业参考
中国传媒大学
动画专业
湖南工艺美术职业学院
视觉传播设计与制作专业

企业培训师

岗位职责：制订培训计划和预算、监控和评估培训过程、内部团队建设与管理、课程开发管理。

具体岗位：企业培训师通过为企业员工提供专业培训，提升技能素养，包括培训经理、培训课程设计师、内部培训讲师、在线学习运营专员、培训效果评估师等。

对应院校与专业参考
北京师范大学
人力资源管理专业
深圳职业技术学院
人力资源管理专业

职业发展路径

初级阶段：能讲解基础工作流程，能制作 PPT 课件。

高级阶段：能设计沙盘模拟训练，能运用教练技术培养管理层。

物流系统优化师

岗位职责：仓库布局设计、库存管理、优化作业流程、安全与合规。

具体岗位：物流系统优化师通过优化物流系统运作，保障物资高效流通，包括仓储自动化规划师、供应链数据分析师、智能配送调度员、物流成本控制专员、逆向物流管理师等。

职业发展路径

初级阶段：能使用仓储管理软件，了解配送路线规划。

高级阶段：能设计智能仓储系统，比如 AGV 机器人调度，能优化供应链网络。

对应院校与专业参考
武汉理工大学
物流工程专业
广州番禺职业技术学院
现代物流管理专业

数字营销分析师

岗位职责： 市场与竞争分析、目标受众分析、营销战略规划、数据监测与效果评估。

具体岗位： 数字营销分析师通过分析数字营销数据，提升企业市场竞争力，包括数字营销战略分析师、用户行为数据分析师、社交媒体洞察专员、广告投放优化师、营销自动化专家等。

职业发展路径

初级阶段： 能看懂基本的数据报表，如点击率、转化率等。

高级阶段： 能建立用户画像，能运用 AI 预测营销效果。

对应院校与专业参考

上海对外经贸大学
市场营销专业
义乌工商职业技术学院
电子商务专业

智能硬件产品测试员

岗位职责： 设计和执行测试计划、问题分析和解决、维护测试平台和工具、质量监控和改进。

具体岗位： 智能硬件产品测试员通过对智能硬件产品全面测试，确保产品达到市场标准，包括硬件测试工程师、可靠性测试专员、嵌入式系统测试员、自动化测试开发师、用户体验测试员等。

对应院校与专业参考

电子科技大学
电子信息工程专业
无锡职业技术学院
智能控制技术专业

职业发展路径

初级阶段： 能做基础功能测试，如按键、充电测试。

高级阶段： 能设计压力测试方案，如高低温环境测试，能分析故障原因。

环保设备销售经理

岗位职责： 市场开拓与维护、市场推广与品牌建设、销售策略与计划、数据分析与决策支持。

具体岗位： 环保设备销售经理通过专业化的环保解决方案销售，助力工业企业实现可持续发展目标，包括环保设备销售总监、区域销售经理、大客户经理、技术销售工程师、投标专员等。

职业发展路径

区域经理： 负责辖区环保设备销售目标达成，管理区域渠道与客户关系，具备市场开拓能力。

大客户经理： 专注战略客户开发与维护，精通定制化解决方案谈判，推动高价值订单落地。

销售总监： 统筹全国销售战略，优化团队管理与业务流程，主导行业合作与品牌建设。

对应院校与专业参考

同济大学
环境工程专业
重庆资源与环境保护职业学院
环境工程技术专业

 **老年产品用户体验师**

岗位职责：了解老年人需求、提供安全和舒适设计、引入智能科技、考虑空间规划。

具体岗位：老年产品用户体验师通过深度理解老年人生理心理特征，优化产品适老化设计，提升产品的易用性、安全性和情感价值、使用便利性和舒适度，包括适老化产品设计师、老年用户研究员、产品可用性测试员、老年需求分析师、无障碍设计顾问等。

 对应院校与专业参考

南京艺术学院
智能交互设计专业

长沙民政职业技术学院
智慧健康养老服务与管理专业

职业发展路径

初级阶段：了解老年人的使用习惯，如字体放大、语音交互，能做简单用户调研，掌握基础 UI 设计工具，如 Figma。

高级阶段：能设计适老化智能产品，如 AI 语音助手，能分析老年用户行为数据，能优化无障碍交互体验，如防误触设计。

 **职业规划咨询师**

岗位职责：收集信息、制订职业规划、提供咨询和建议、评估个人与职业的适配度。

具体岗位：职业规划咨询师通过科学评估与系统引导，实现个人职业价值与社会人才需求的高效匹配，包括职业规划师、职业测评分析师、简历优化顾问、面试辅导师、职场心理咨询师等。

 对应院校与专业参考

华中师范大学
心理学专业

电子科技大学成都学院
人力资源管理专业

职业发展路径

初级阶段：了解常见职业发展路径，能做简单的性格测试分析。

高级阶段：能运用 MBTI 等专业测评工具，能为企业定制人才发展方案，能指导职场转型。

 **医疗信息化实施顾问**

岗位职责：项目执行与监控、客户与需求管理、项目后评估与改进、售前支持与市场响应。

具体岗位：医疗信息化实施顾问通过助力医疗机构实现信息化建设，提升医疗服务效率与质量，包括医疗信息化项目经理、系统实施工程师、医院流程优化顾问、医疗数据治理专员、系统测试工程师等。

职业发展路径

初级阶段：能安装医院信息系统，能培训医护人员基础操作。

高级阶段：能优化电子病历系统流程，能实施 AI 辅助诊断系统，能确保系统符合 HIPAA 标准。

对应院校与专业参考

重庆医科大学
医学信息工程专业

长沙民政职业技术学院
医学信息技术专业

城市绿化规划师

岗位职责：项目理解和分析、概念设计和方案深化、施工图设计和材料控制、现场服务和协调。

具体岗位：城市绿化规划师通过规划城市绿化布局，提升城市居民生活品质，包括景观规划设计师、植物配置工程师、海绵城市设计师、绿化工程项目经理、生态修复工程师等。

职业发展路径
初级阶段：认识常见绿化植物，设计小型社区绿地。

高级阶段：能规划海绵城市系统，会运用生态修复技术，能设计碳中和景观方案。

对应院校与专业参考
南京林业大学
园林专业
杨凌职业技术学院
园林工程技术专业

农业电商主播

岗位职责：直播体系搭建与优化、直播间投放策略制订与执行、直播内容策划与编导、市场动态关注与竞品分析。

具体岗位：农业电商主播通过直播带货销售农产品，助力农业经济发展与乡村振兴，包括直播运营经理、选品专员、短视频内容策划、粉丝运营专员、直播场控等。

职业发展路径
初级阶段：介绍农产品特点，能活跃直播间气氛，掌握基本直播话术。

高级阶段：用户画像精准分析与推荐，能策划主题营销活动，运用 VR 技术展示农产品生长过程。

对应院校与专业参考
南京农业大学
电子商务专业
苏州农业职业技术学院
农村电子商务专业

碳中和项目咨询师

岗位职责： 碳排放核查、整改建议、体系建设支持、持续监督与评估。

具体岗位： 碳中和项目咨询师通过为企业和社会提供碳中和专业咨询，助力制订减排策略，包括碳核查师、碳资产管理师、低碳技术顾问、碳足迹分析师、绿色金融顾问等。

职业发展路径

初级阶段： 学习碳排放计算基础，了解碳交易市场规则，能撰写简单减排方案。

高级阶段： 能制订企业碳中和战略，能设计碳足迹核算模型，能推动绿色能源项目落地，如光伏、风电。

对应院校与专业参考

浙江大学
环境科学与工程专业
重庆资源与环境保护职业学院
环境工程技术专业

智能仓储管理员

岗位职责： 支持日常作业、设备和数据维护、管理运维突发事件和问题、服务器监控体系完善。

具体岗位： 智能仓储管理员通过系统化管理智能仓储系统，从而保障物资高效存储与流转，包括仓储系统运维工程师、AGV调度管理员、库存数据分析师、智能分拣系统操作员、自动化设备维护员等。

对应院校与专业参考

武汉理工大学
物流工程专业
广州番禺职业技术学院
智能物流技术专业

职业发展路径

初级阶段： 掌握仓库管理软件（WMS），能操作AGV搬运机器人，熟悉库存盘点流程。

高级阶段： 能优化智能仓储系统，如RFID自动识别，能分析物流大数据，能管理无人仓全流程。

文化创意园区运营

岗位职责： 制订和实施运营策略、组织和协调服务方案、市场和需求分析、策划和执行产业活动。

具体岗位： 文化创意园区运营通过统筹园区运营管理，促进文化创意产业集聚，包括园区运营总监、招商经理、文创项目策划、活动执行经理、商户服务经理等。

职业发展路径

初级阶段： 能策划小型艺术展览，能管理入驻企业服务，能运营社交媒体账号，如小红书、抖音等。

高级阶段： 能制订园区品牌战略，能整合AR或VR数字展陈，能运作IP衍生品，如文创盲盒。

对应院校与专业参考

成都大学
文化创意产业管理专业
武汉城市职业学院
文化创意与策划专业

健身营养顾问

岗位职责：营养评估与咨询、饮食计划制订与跟进、健康教育与营养知识推广、营养产品推荐与管理。

具体岗位：健身营养顾问通过为健身人群提供专业营养指导，提升大众健康素养，包括健身营养师、运动膳食指导师、体脂管理顾问、营养方案设计师、健康餐食搭配师等。

职业发展路径
初级阶段：学习基础营养学，如蛋白质、碳水配比，能制订简单健身饮食计划。

高级阶段：能设计个性化增肌或减脂方案，分析体脂数据，能结合运动生理学优化训练。

对应院校与专业参考

北京体育大学
运动人体科学专业
广州体育职业技术学院
运动健康指导专业

工业设计专利代理人

岗位职责：专利申请和处理、答复审查意见、专利分析和检索、答疑解惑。

具体岗位：工业设计专利代理人通过代理工业设计专利申请与维护，从而保护创新成果，包括外观专利代理人、实用新型专利工程师、专利检索分析师、知识产权顾问、专利布局策划师等。

对应院校与专业参考

同济大学
工业设计专业
深圳职业技术学院
工业设计专业

职业发展路径
初级阶段：了解专利申请流程，能查重技术专利，能撰写基础技术交底书。

高级阶段：能布局企业专利池，能应对国际专利诉讼，能分析行业技术趋势，如 AIoT（人工智能物联网）领域。

乡村振兴项目协调员

岗位职责：规划与咨询、技术指导与实施跟踪、政策服务与协调、项目评估与建议。

具体岗位：乡村振兴项目协调员通过协调推进乡村振兴项目，助力乡村经济、社会、生态全面发展，包括乡村产业规划师、农业项目督导员、文旅融合协调员、合作社发展顾问、扶贫项目管理员等。

职业发展路径
初级阶段：能组织农产品直播带货，能协调村民参与文旅活动，能管理扶贫资金使用。

高级阶段：能设计田园综合体规划，能推动碳汇交易项目，能引入智慧农业物联网技术。

对应院校与专业参考
南京农业大学
农业经济管理专业
杨凌职业技术学院
现代农业经济管理专业

在线教育课程设计师
岗位职责：系统架构设计、技术选型和决策、技术预研和创新、系统维护。

具体岗位： 在线教育课程设计师通过精心设计在线教育课程，满足学习者需求，包括课程内容架构师、教学脚本编写师、互动课件设计师、学习路径规划师、微课制作专员等。

职业发展路径
初级阶段： 会制作 PPT 课件，会录制基础教学视频，能设计简单互动测验。
高级阶段： 会开发 AI 自适应学习系统，会运用 VR 虚拟课堂，会分析学员学习行为数据。

对应院校与专业参考
北京师范大学
教育技术学专业
深圳职业技术学院
数字媒体艺术设计专业

智能客服系统训练师
岗位职责：情绪识别与建模、算法优化与改进、技术规划与设计、产品全生命周期管理。

具体岗位： 智能客服系统训练师通过训练和优化智能客服，提升服务体验感，包括对话流程设计师、语义理解训练师、知识图谱构建师、情感计算优化师、客服数据分析师等。

对应院校与专业参考
西安电子科技大学
计算机科学与技术专业
深圳信息职业技术学院
人工智能技术应用专业

职业发展路径
初级阶段： 能编写基础对话脚本，如 FAQ 库（常见问题解答），能测试 Chatbot 回复准确性。
高级阶段： 能优化 AI 语义理解模型，如 NLP（自然语言处理）算法，能分析用户投诉数据，能制订自助服务效率方案。

新能源汽车维修培训师
岗位职责：培训课程开发、培训实施、培训效果评估、安全管理。

具体岗位： 新能源汽车维修培训师通过传授专业维修知识与技能，为新能源汽车行业培养合格维修人才，包括高压系统培训师、电池诊断讲师、电控系统实训师、维修标准认证师、故障模拟实验师等。

职业发展路径
初级阶段： 掌握高压安全操作，能诊断电池常见故障。
高级阶段： 能培训智能网联系统维修，能开发 VR 维修实训课程，能制订行业技术标准。

对应院校与专业参考
同济大学
新能源汽车工程专业
重庆机电职业技术大学
新能源汽车工程技术专业

供应链金融风控师

岗位职责：风险体系建设和优化、项目审查和合法性合规性分析、风险全流程控制、协调和沟通。

具体岗位：供应链金融风控师通过识别评估供应链金融风险，从而保障资金安全，包括供应链金融风控总监、信用评估分析师、贸易融资风控专员、应收账款风控经理、贷后监管专员。

职业发展路径
初级阶段：能审核企业基础财务数据，了解供应链流程。
高级阶段：能建立大数据风控模型，能设计区块链溯源系统，能评估跨境贸易风险。

对应院校与专业参考
北京邮电大学
数字媒体技术专业
深圳职业技术学院
虚拟现实技术应用专业

医美咨询师

岗位职责：客户关系维护、服务跟进、方案制订与执行、销售目标达成。

具体岗位：医美咨询师通过为消费者提供专业医美信息与合理建议，帮助其做出科学决策，包括美学设计顾问、皮肤管理咨询师、整形方案设计师、术后护理指导师、医美风险顾问等。

对应院校与专业参考
江苏护理职业技术学院
医学美容技术专业
长沙民政职业技术学院
医学美容技术专业

职业发展路径
初级阶段：了解基础医美项目，能分析客户皮肤状况。
高级阶段：能定制综合抗衰方案，能运用 AI 模拟整形效果，能管理术后并发症风险。

宠物营养师

岗位职责：设计宠物膳食方案、分析宠物营养需求、研发功能性食品、评估饲料安全性、提供健康管理建议。

具体岗位：宠物营养师服务于宠物食品企业、医疗机构或独立咨询，涵盖生产方向、临床方向、膳食管理师、处方粮开发及犬猫益生菌制剂研究人员等。

职业发展路径
初级营养师：熟悉常见犬猫营养标准，能制订基础日粮方案。
高级营养师：掌握特殊需求（如术后、老年宠物）营养干预，主导功能性产品创新。

对应院校与专业参考
中国农业大学
动物科学专业
华南农业大学
畜牧兽医专业

非遗手工艺推广人

岗位职责：保护与传承、培养后继人才、资料保存与管理、参与调查与宣传。

具体岗位：非遗手工艺推广人通过宣传推广非遗手工艺，促进非遗文化的传承与产业繁荣，包括非遗传承项目负责人、手工艺培训导师、非遗策展人、文化品牌运营经理、非遗电商运营专员等。

职业发展路径

初级阶段：了解传统工艺的基本技法，如剪纸、刺绣，能使用短视频平台宣传非遗文化，如抖音、快手，能组织小型手工艺体验活动。

高级阶段：能策划非遗IP跨界合作，如联名文创产品，能运用AR或VR技术展示工艺制作流程，能推动非遗技艺进入国际时尚圈。

对应院校与专业参考

中国美术学院
工艺美术专业

山东工艺美术学院
工艺美术专业

智慧城市数据分析师

岗位职责：系统设计、数据管理、智能应用开发、跨部门协调。

具体岗位：智慧城市数据分析师通过分析城市运行数据，为城市治理提供数据驱动的决策支持，包括智慧城市数据架构师、政务大数据分析师、交通流量优化分析师、公共安全数据建模师、城市治理算法工程师等。

对应院校与专业参考

清华大学
建筑学（智慧城市方向）专业

重庆电子工程职业学院
智能城市管理技术专业

职业发展路径

初级阶段：掌握 Excel 处理城市数据，如交通流量、能耗数据，能制作简单数据可视化图表，如折线图、柱状图。

高级阶段：能运用 Python 分析海量城市数据，如 AI 预测拥堵，能构建数字孪生模型优化城市规划，能制订智慧政务决策方案。

VR 医疗模拟训练师

岗位职责：AI 工具应用与优化、文献阅读与整理、科研课题与试验设计、数据安全与隐私保护。

具体岗位：VR 医疗模拟训练师通过利用 VR 技术创建虚拟医疗场景，革新传统医学培训模式，包括虚拟手术训练设计师、医学 VR 内容开发师、临床模拟课程导师、医疗 AI 交互工程师、康复治疗 VR 训练师等。

对应院校与专业参考

南方医科大学
医学影像技术专业

深圳信息职业技术学院
虚拟现实技术应用专业

职业发展路径

初级阶段：能操作 VR 医疗设备，能指导基础手术模拟训练。

高级阶段：能开发定制化手术模块，能运用力反馈技术模拟真实触感，能分析训练数据与课程优化。

跨境物流解决方案师

岗位职责：制订和修订关务标准、分析和评估合规性、监测和记录合规问题、协助内部审计和风险管理。

具体岗位： 跨境物流解决方案师通过为跨境贸易设计高效物流方案，优化运输流程，包括国际货运方案设计师、海外仓布局规划师、关务合规顾问、跨境供应链优化师、智能清关系统架构师等。

职业发展路径

初级阶段： 了解国际运输方式，如海运、空运，能计算运费和通关时间预估。

高级阶段： 能设计多式联运方案，能运用区块链追踪货物，能优化海外仓智能调度系统。

 对应院校与专业参考

对外经济贸易大学
物流管理专业

广州番禺职业技术学院
跨境电子商务专业

青少年科创赛事导师

岗位职责：教学计划制订、教学课程讲授、实践指导和项目辅导、学员评估和反馈。

具体岗位： 青少年科创赛事导师指导青少年参与科创赛事，为国家培育未来科创人才，包括机器人竞赛教练、编程赛事培训师、科技创新项目导师、STEM课程设计师、创客空间运营经理等。

职业发展路径

初级阶段： 辅导学生完成基础科创项目，如机器人组装、3D打印等，熟悉赛事规则，如青少年科技创新大赛。

高级阶段： 能指导AI或物联网等高阶课题研发，能培训学生路演答辩技巧，能对接高校实验室资源推动成果转化。

 对应院校与专业参考

华东师范大学
科学教育专业

深圳职业技术学院
创客教育专业

新能源车电池回收经理
岗位职责：数据收集与分析、检测与评估、市场与法规研究、报告撰写与沟通。

具体岗位：新能源车电池回收经理通过构建完善的新能源车电池回收体系，推动电池资源循环利用，包括动力电池回收业务经理、梯次利用方案工程师、电池残值评估师、再生材料研发经理、合规拆解技术督导等。

职业发展路径

初级阶段：掌握电池拆解安全规范，能检测电池健康状况。

高级阶段：能建立电池溯源系统，能开发梯次利用方案，如储能电站，能管理贵金属回收提纯。

对应院校与专业参考
中南大学
新能源材料与器件专业
重庆资源与环境保护职业学院
新能源装备技术专业

区块链金融产品经理
岗位职责：战略规划、产品全生命周期管理、创新与业务拓展、风险管理与合规。

具体岗位：区块链金融产品经理通过设计创新区块链金融产品，提升交易安全性与效率，包括数字资产产品总监、智能合约架构师、链上金融风控经理、通证经济设计师、跨境支付产品经理等。

对应院校与专业参考
西南财经大学
金融学专业
深圳职业技术学院
金融科技专业

职业发展路径

初级阶段：了解区块链基础知识，如比特币，具有基本的DeFi（去中心化金融）产品分析逻辑，能撰写文档，熟悉金融监管政策。

高级阶段：能设计复杂金融协议，如借贷，掌握跨链技术，能制订Token（代币）经济模型，如代币分配、激励机制，能预判行业趋势，能主导合规化方案。

影视 IP 衍生品开发经理
岗位职责：制订战略和计划、市场调研和策略规划、团队管理与业绩考核、客户关系维护。

具体岗位：影视 IP 衍生品开发经理通过深度挖掘影视 IP 价值，拓展影视产业盈利空间，包括 IP 授权管理总监、潮玩产品设计师、联名商品策划经理、衍生品供应链经理、文创周边开发师等。

职业发展路径

初级阶段：能设计简单周边产品，如钥匙扣、T恤等。

高级阶段：能策划主题乐园体验项目，能开发数字藏品（NFT），能管理全球 IP 授权合作。

对应院校与专业参考
北京电影学院
数字媒体艺术专业
上海电影艺术职业学院
影视 IP 衍生品设计专业